Drachen zeichnen lernen

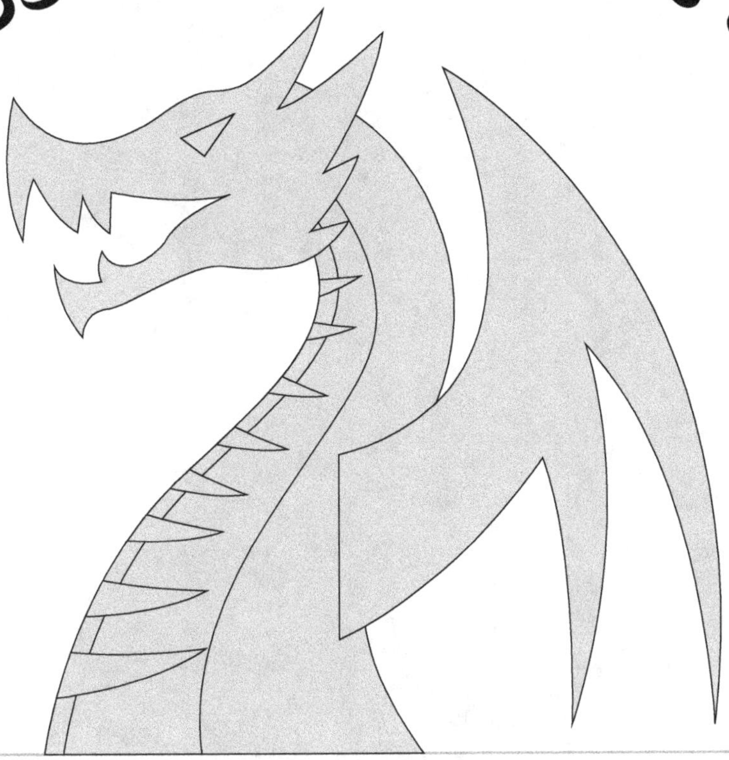

1

2

3

4

5

6

7

8

Zeichne deine eigenen

1

2

3

4

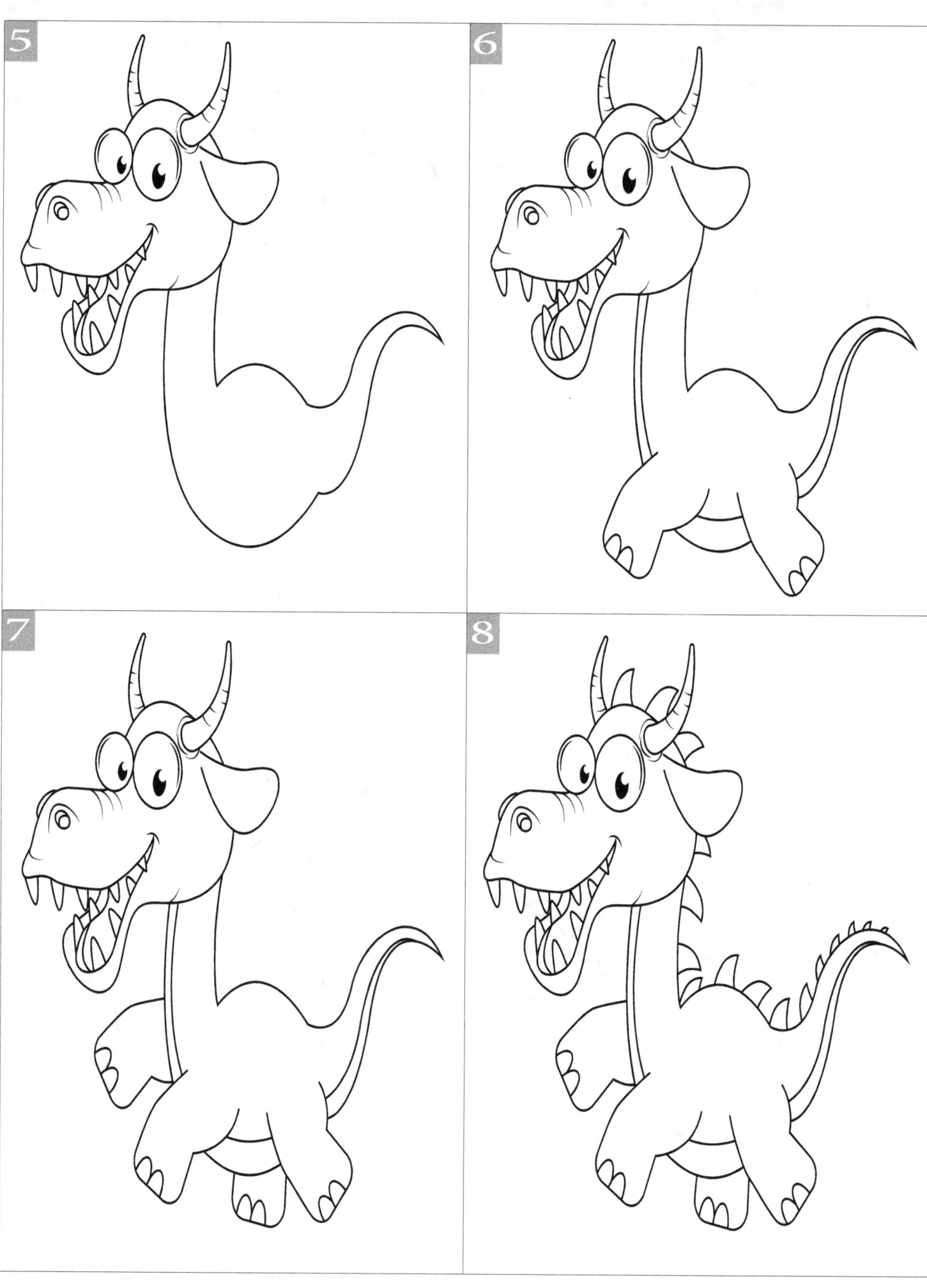

Zeichne deine eigenen

1
2
3
4

5

6

7

8

Zeichne deine eigenen

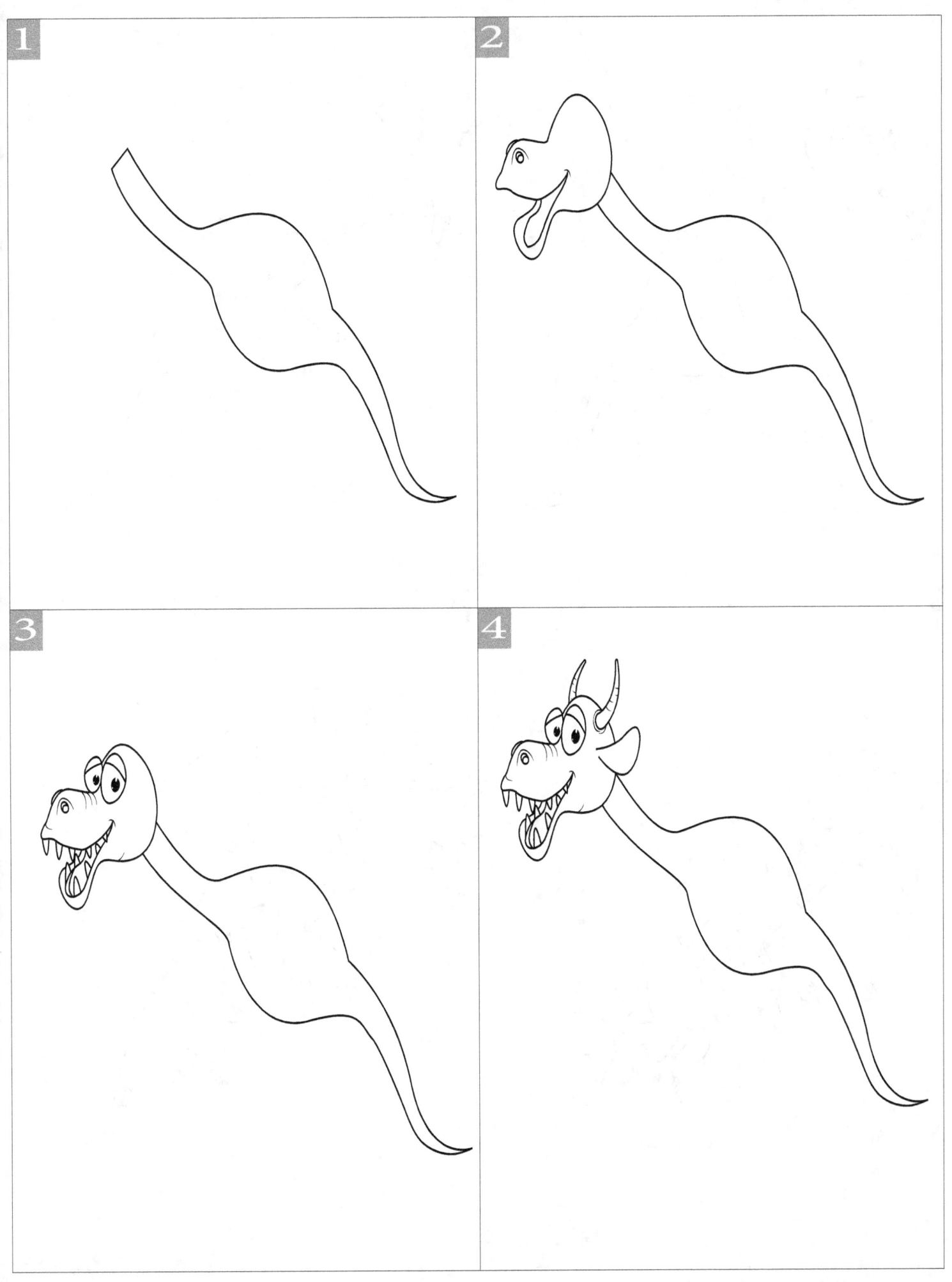

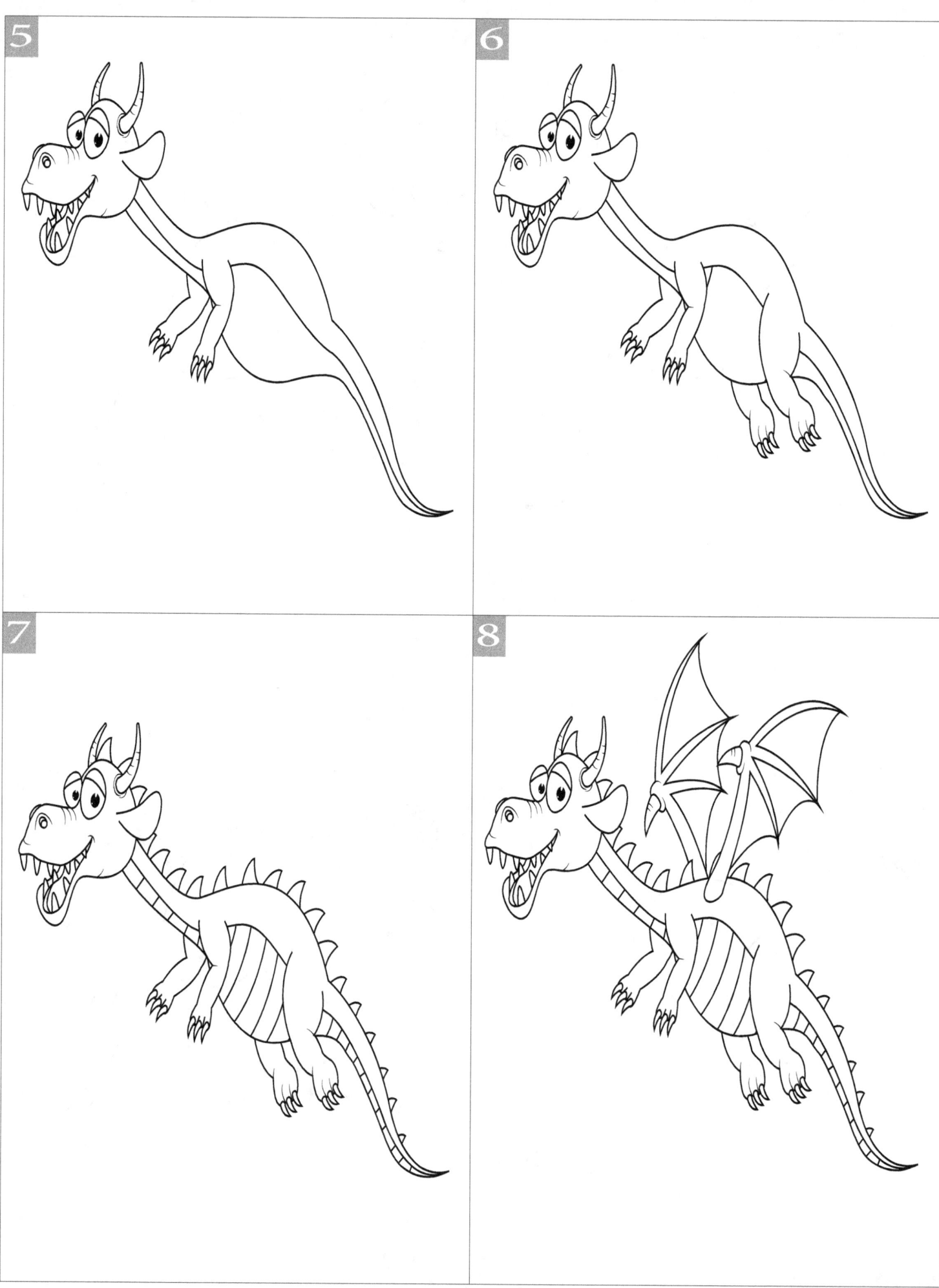

Zeichne deine eigenen

1

2

3

4

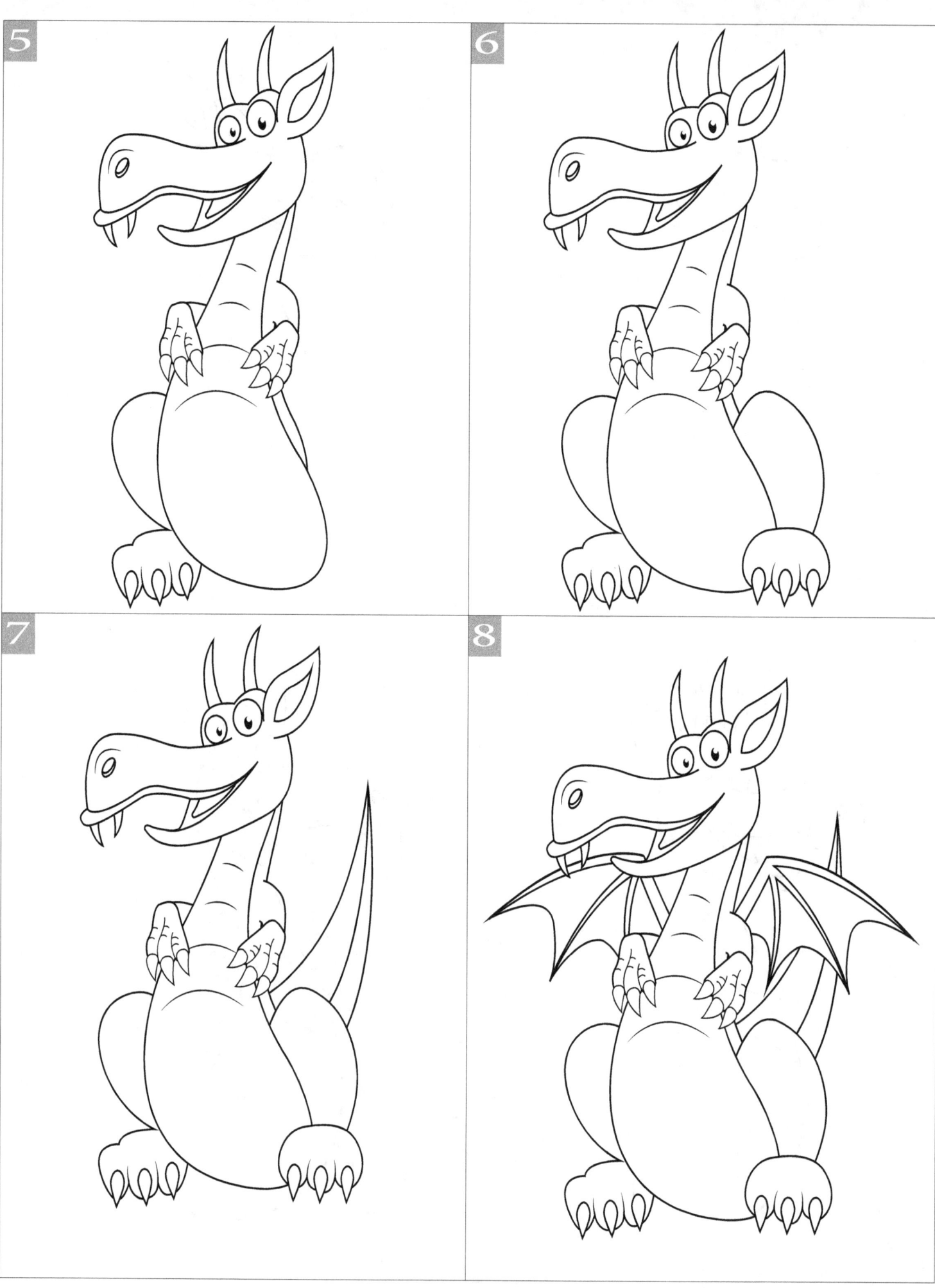

Zeichne deine eigenen

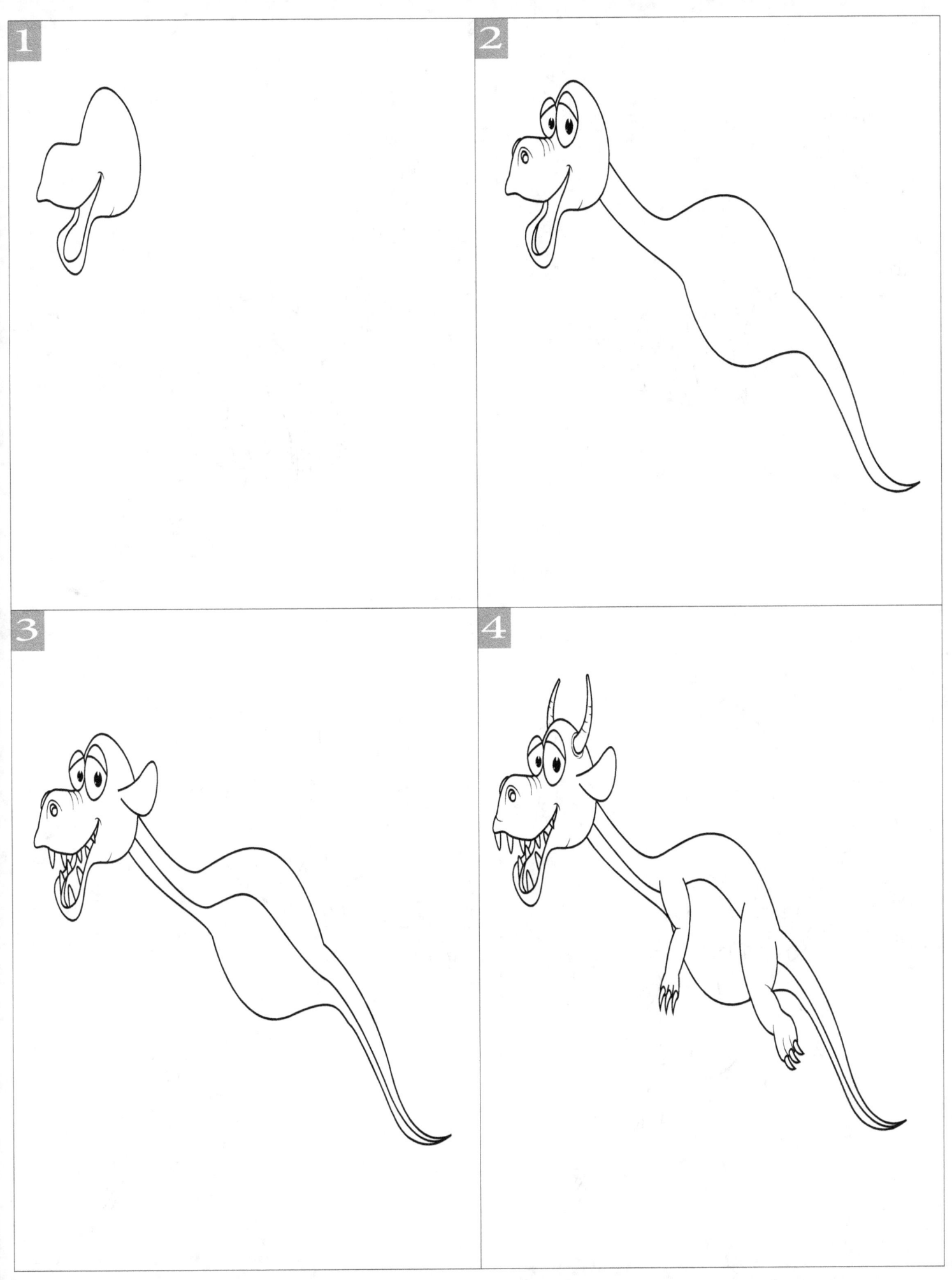

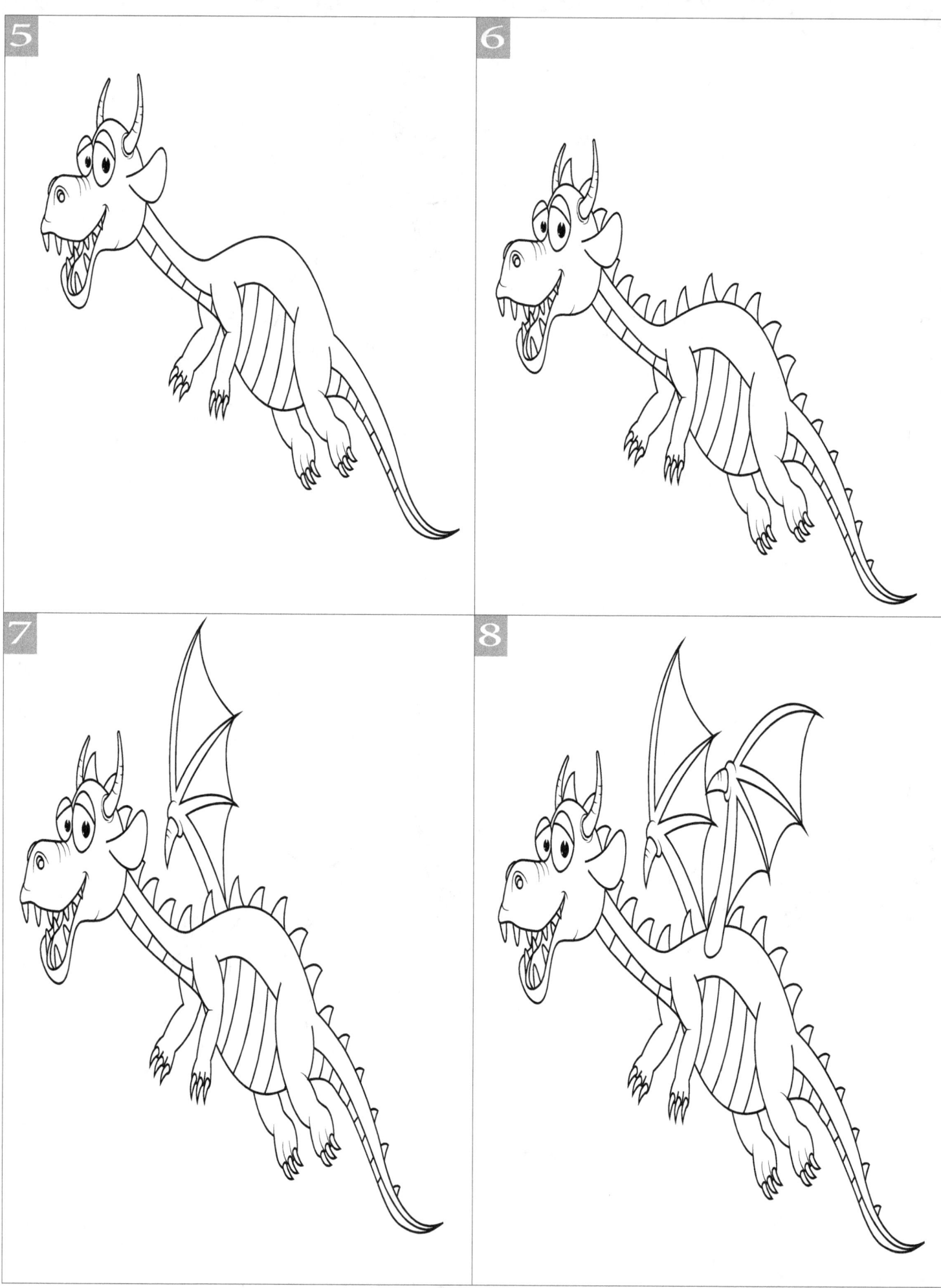

Zeichne deine eigenen

1

2

3

4

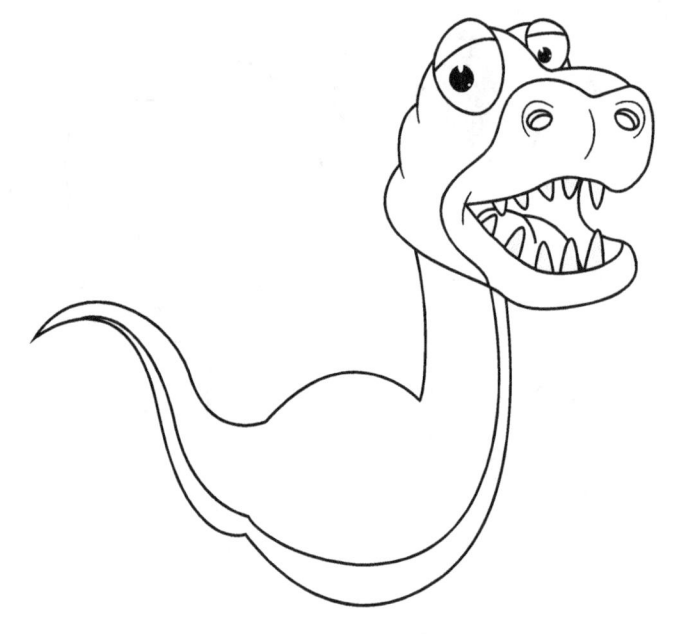
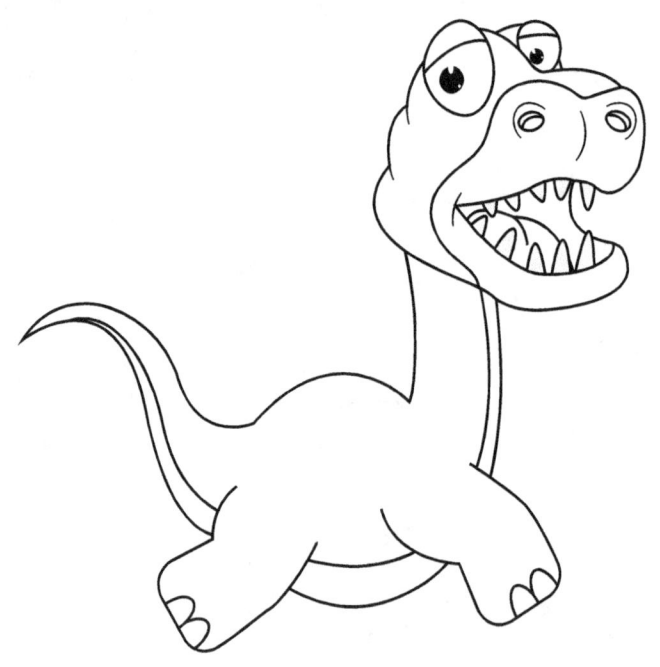

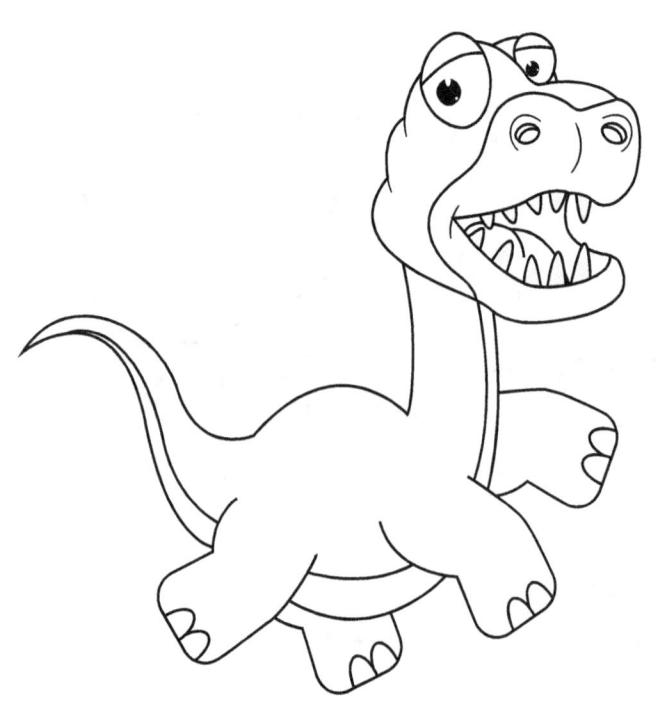
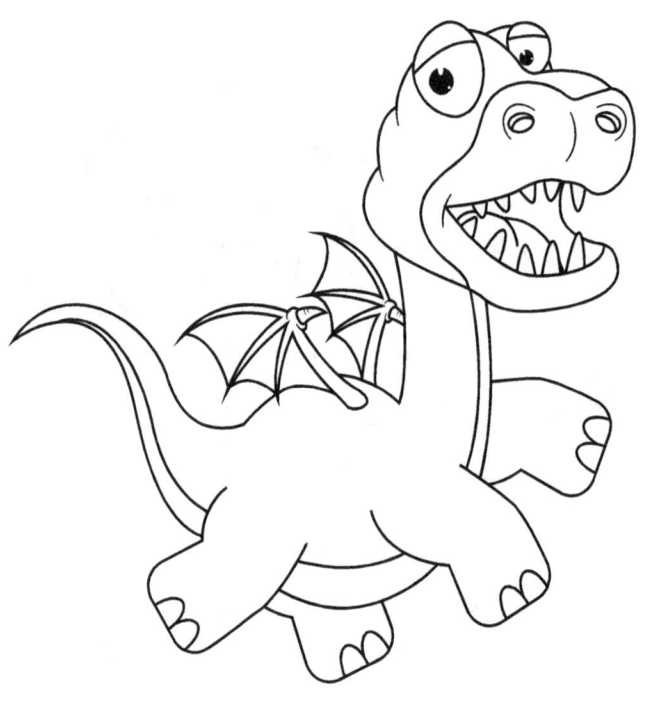

Zeichne deine eigenen

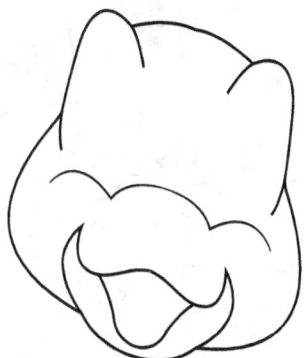
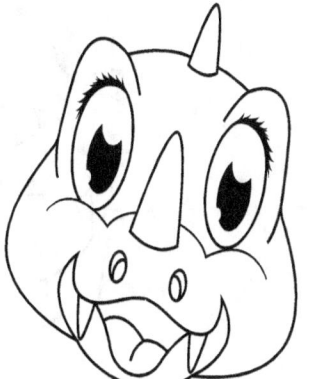
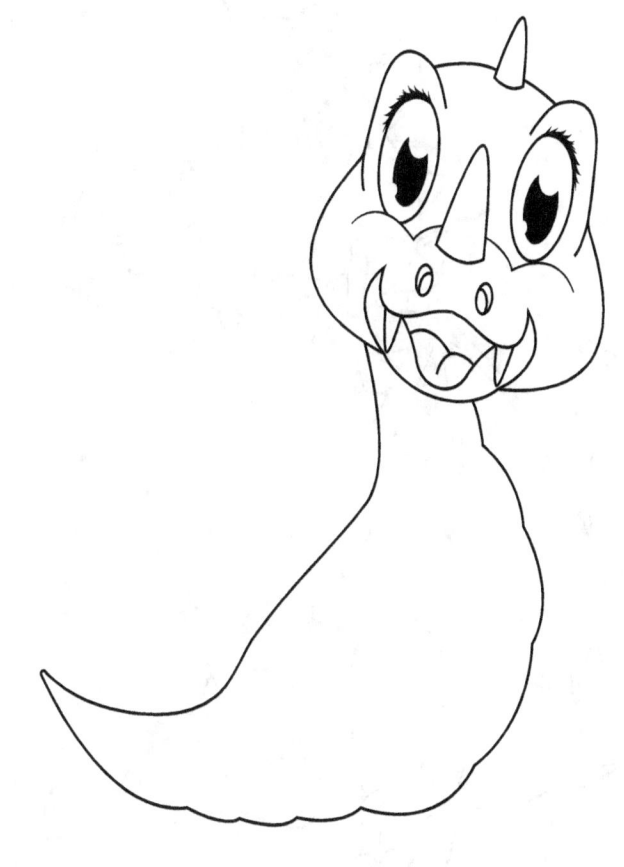
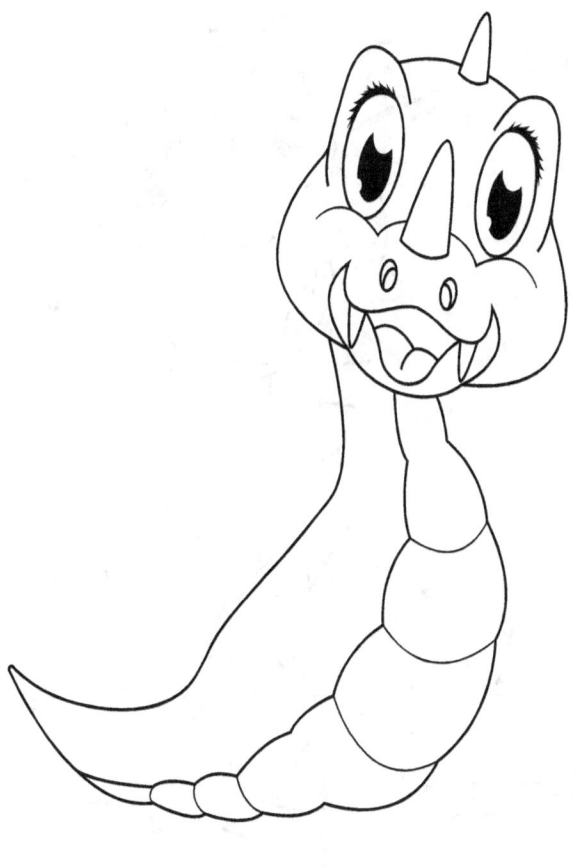

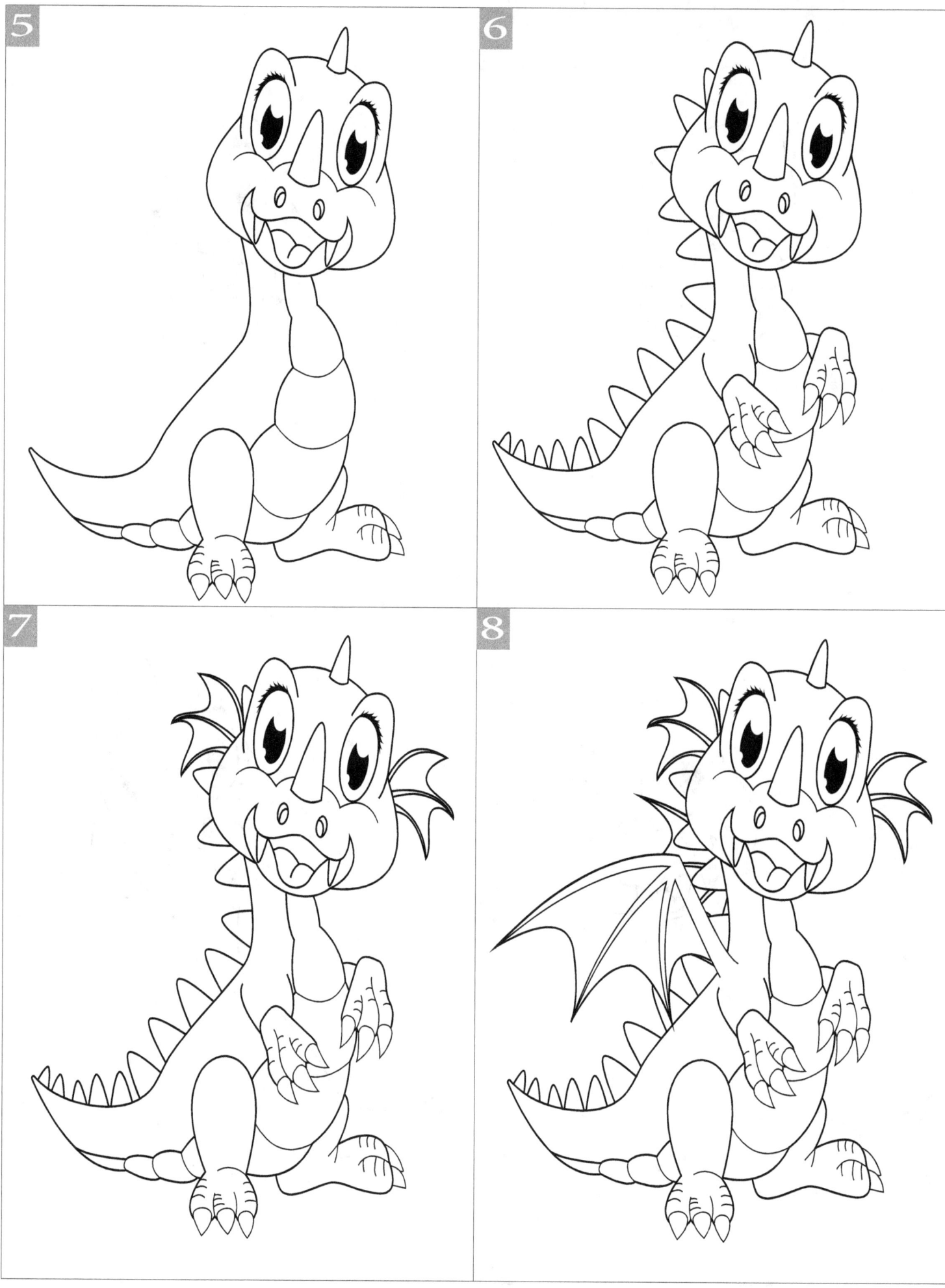

Zeichne deine eigenen

1

2

3

4

5

6

7

8

Zeichne deine eigenen

1

2

3

4

5

6

7

8

Zeichne deine eigenen

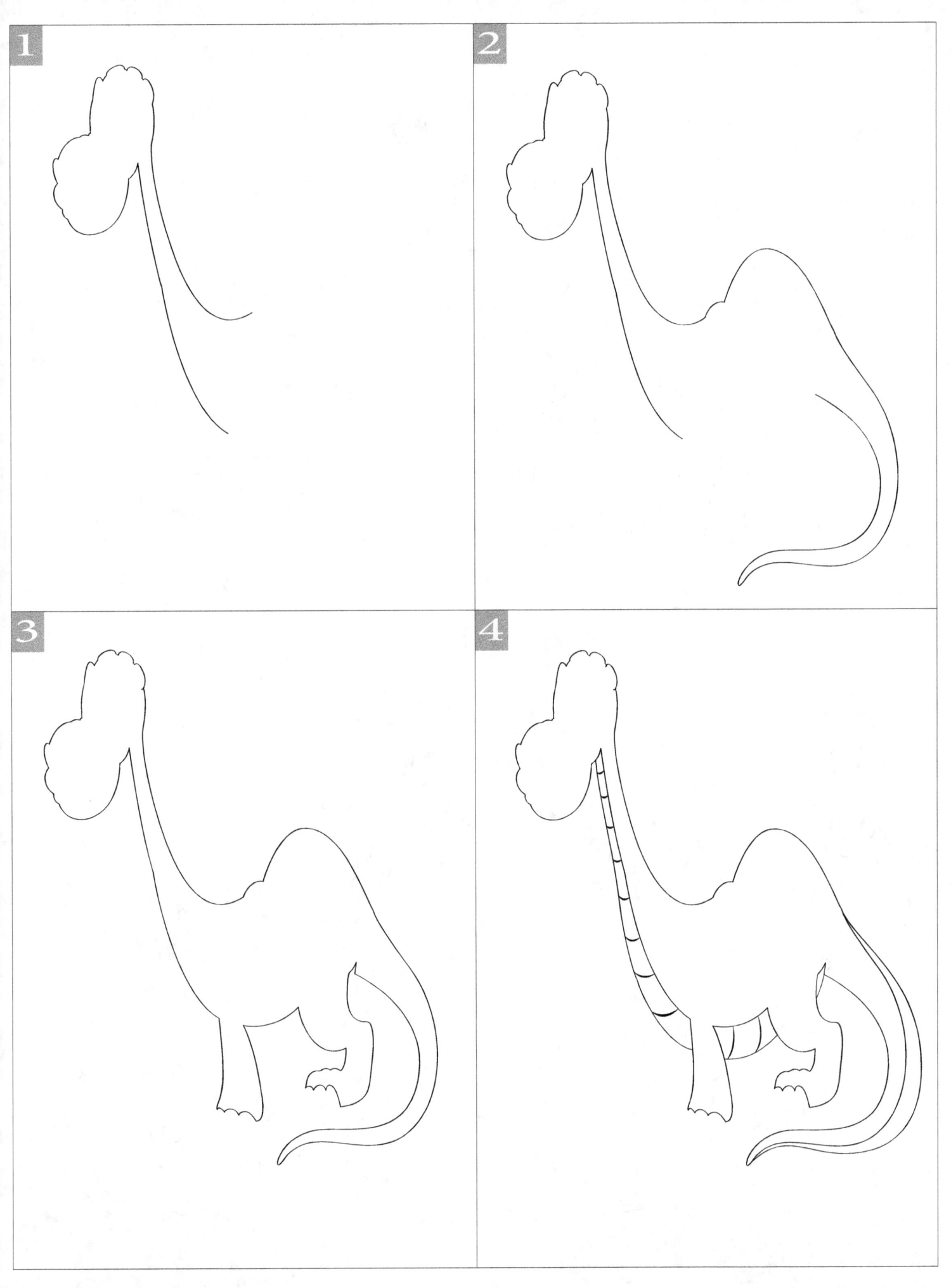

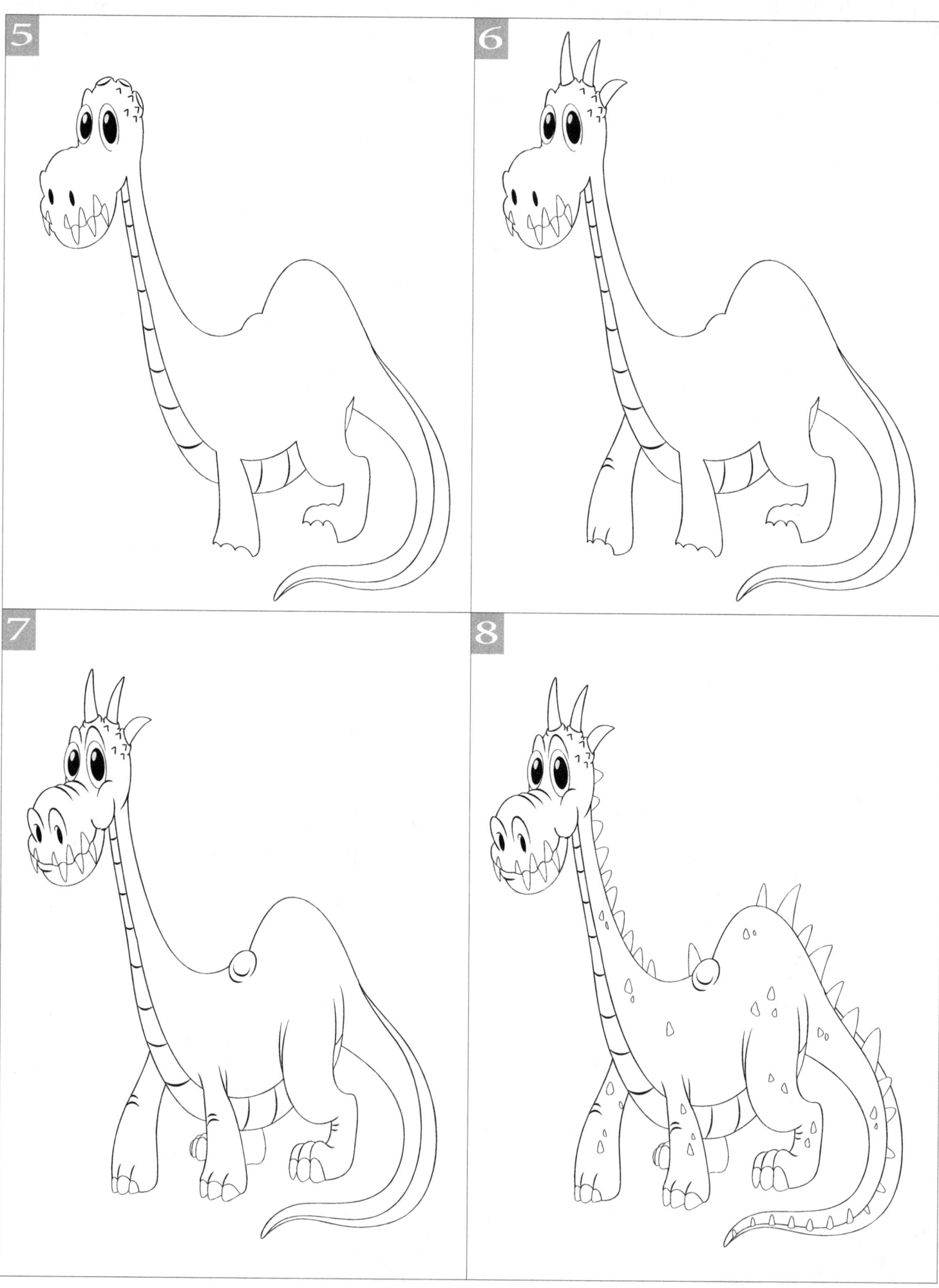

Zeichne deine eigenen

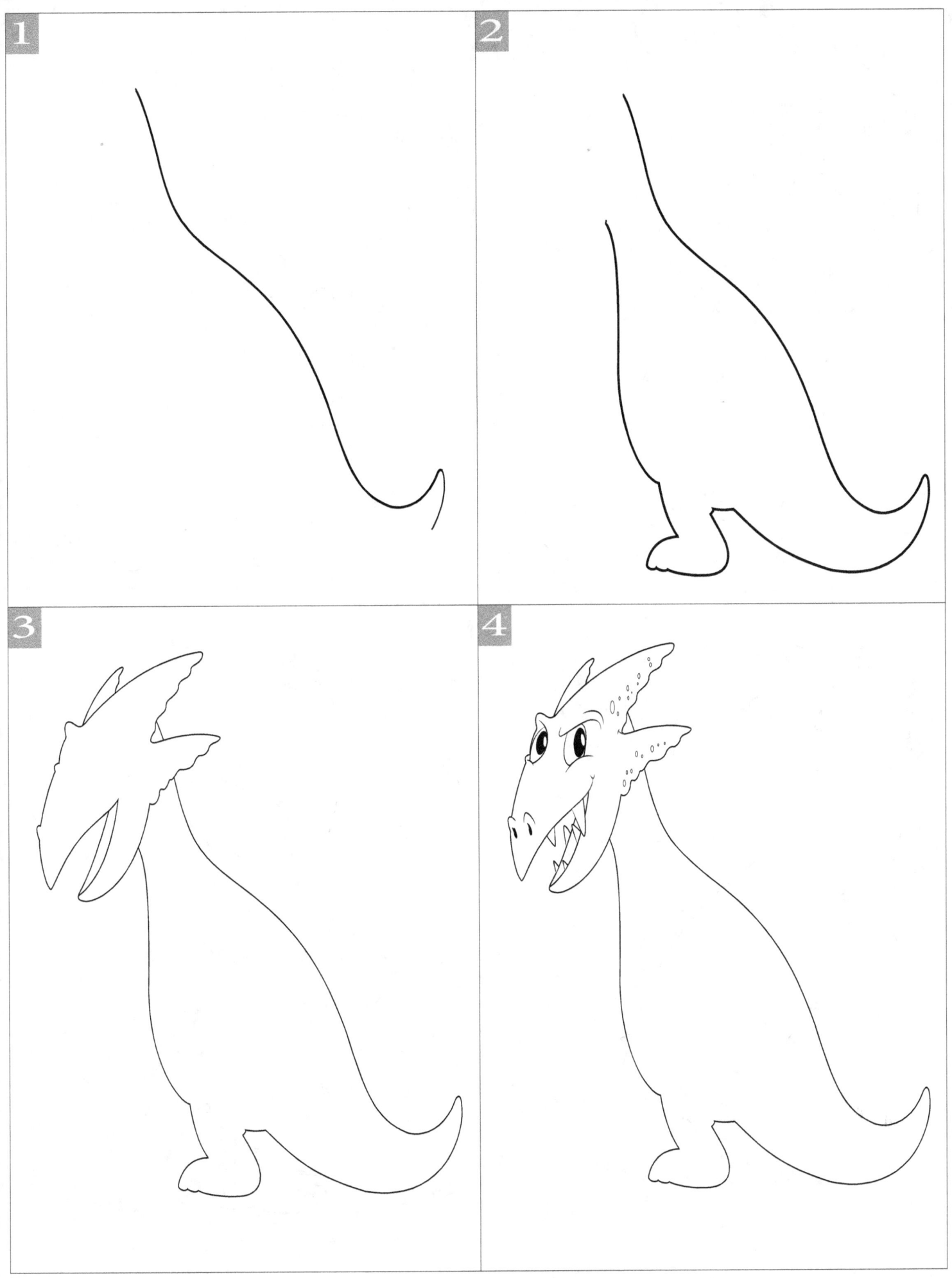

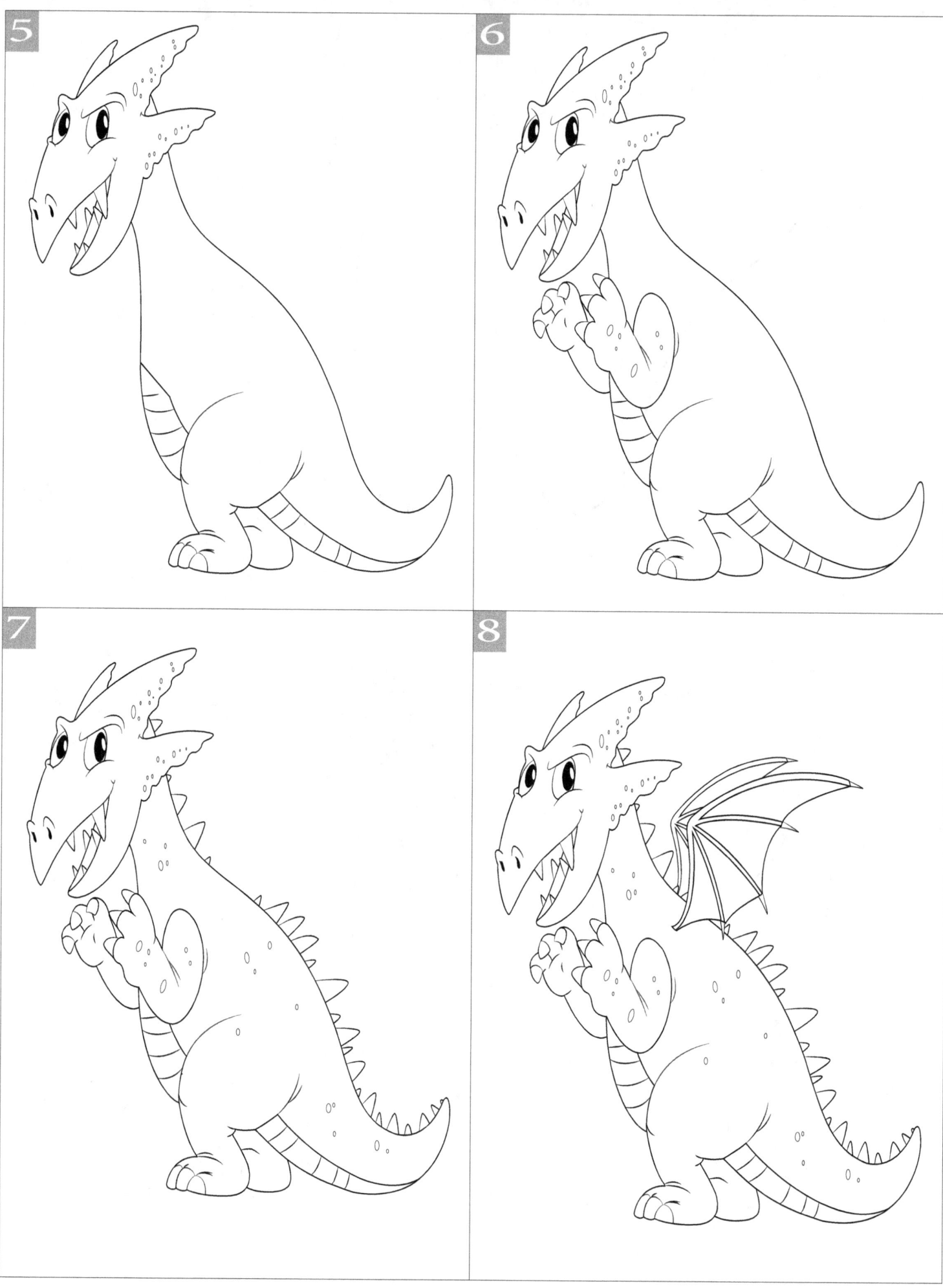

Zeichne deine eigenen

1

2

3

4

5

6

7

8

Zeichne deine eigenen

1

2

3

4

5

6

7

8

Zeichne deine eigenen

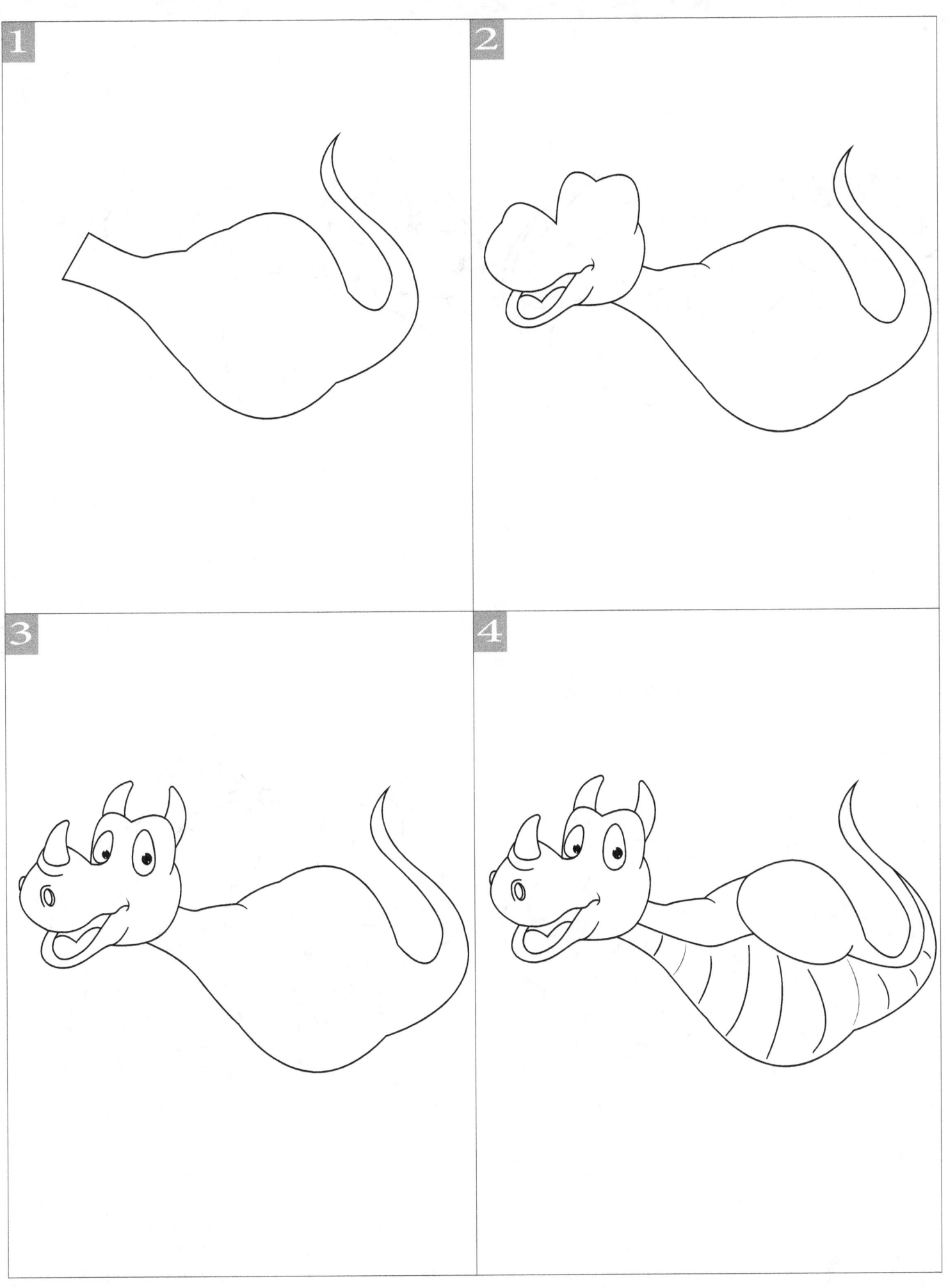

5

6

7

8

Zeichne deine eigenen

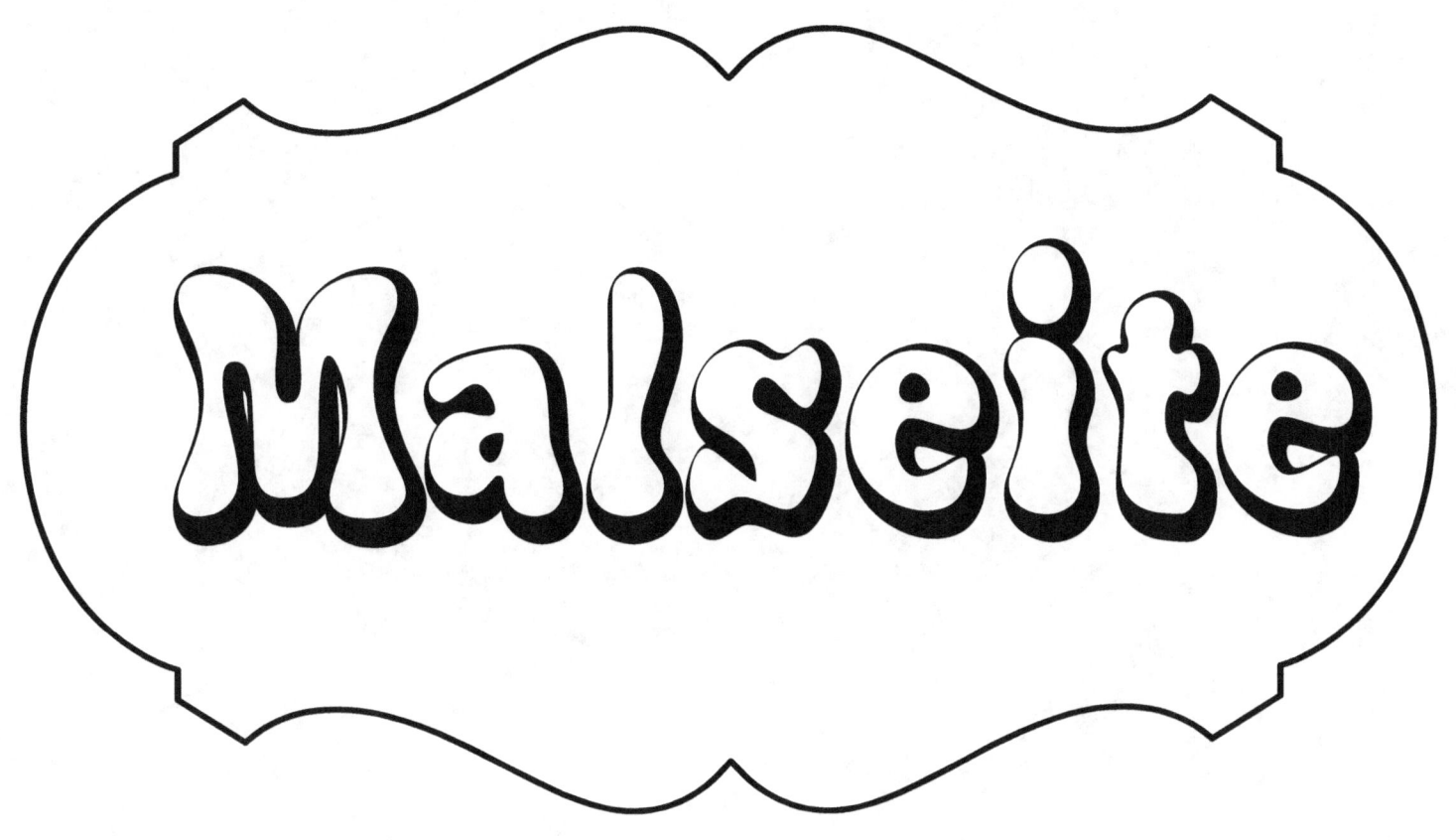

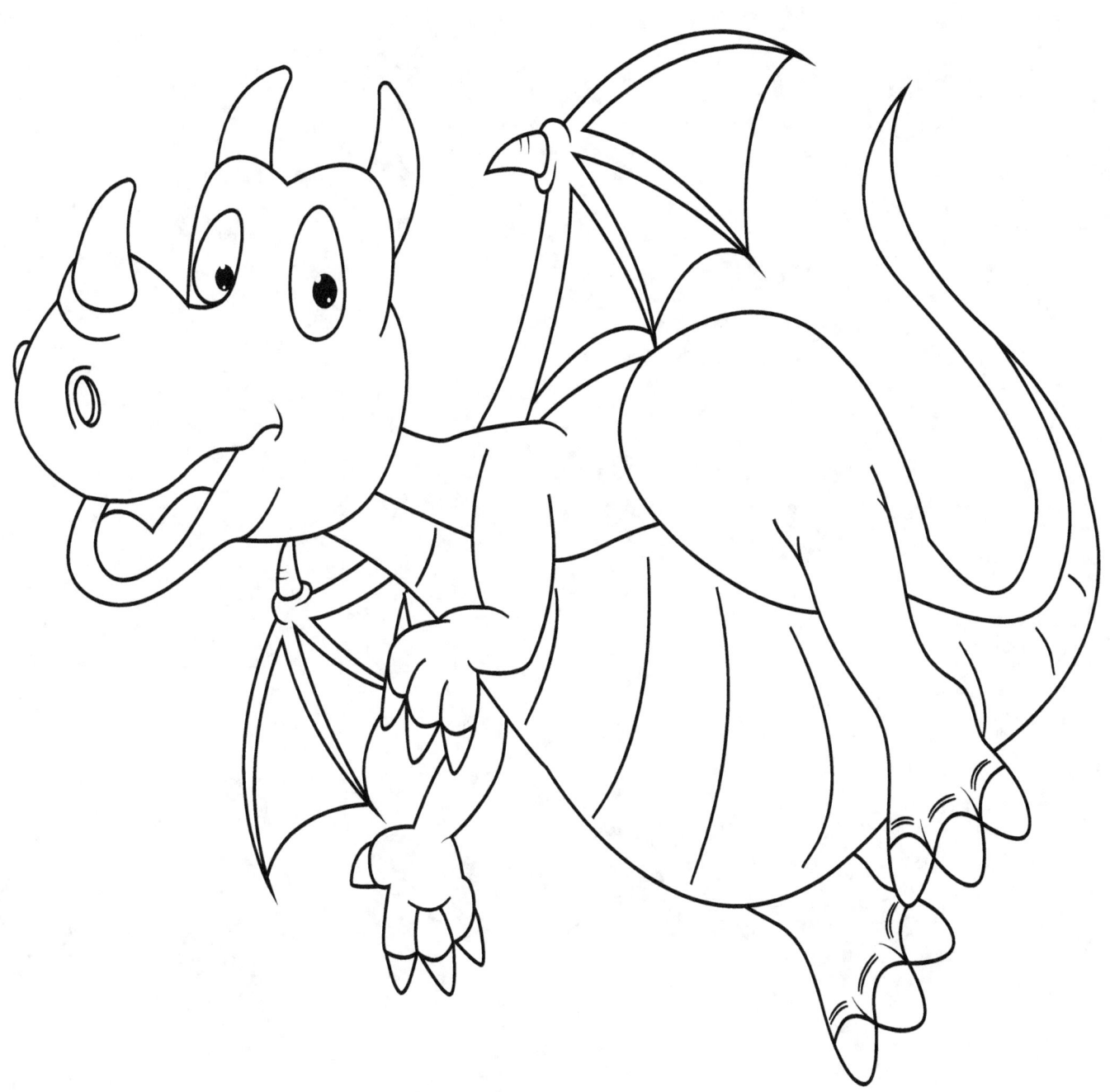

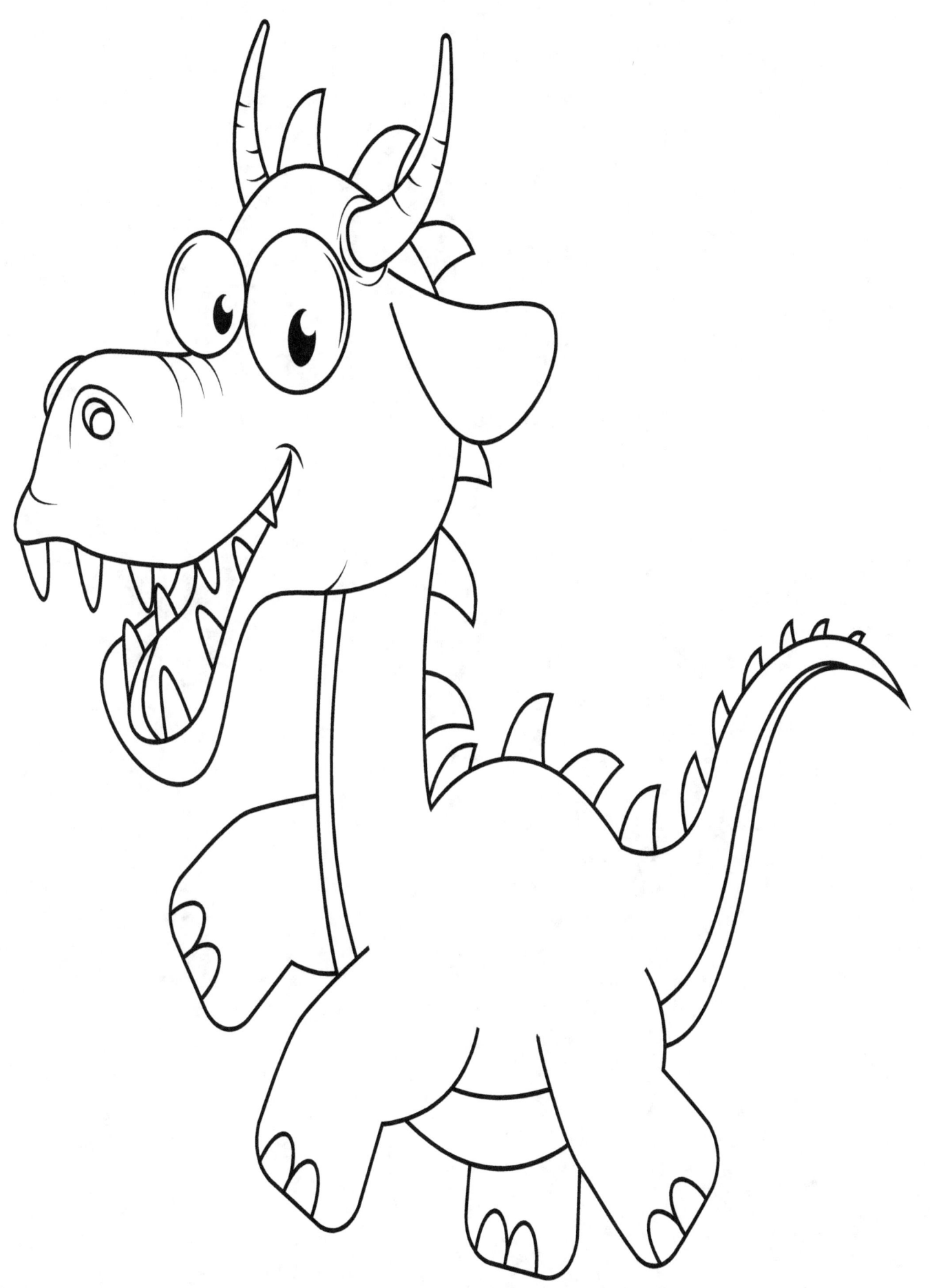

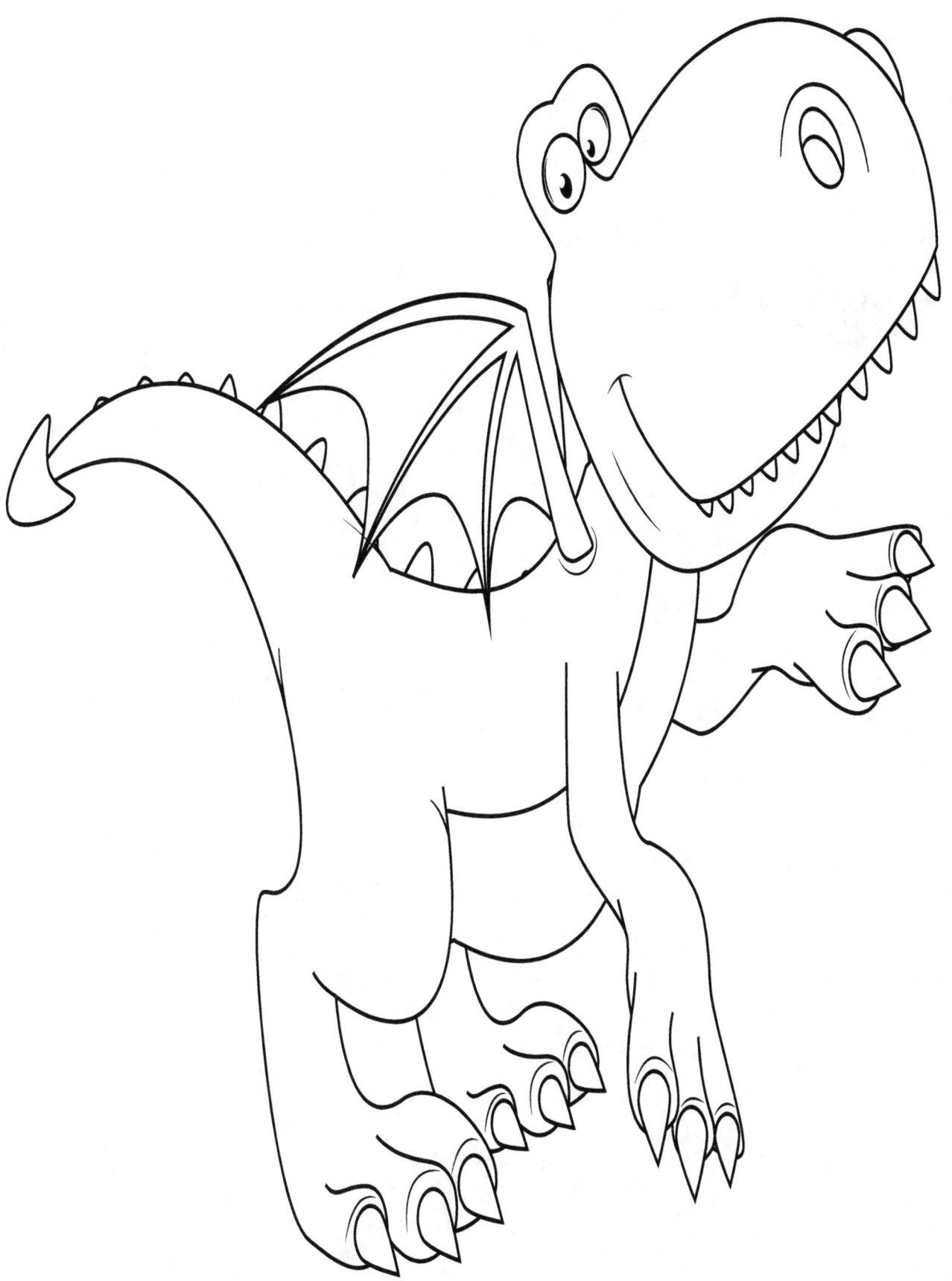

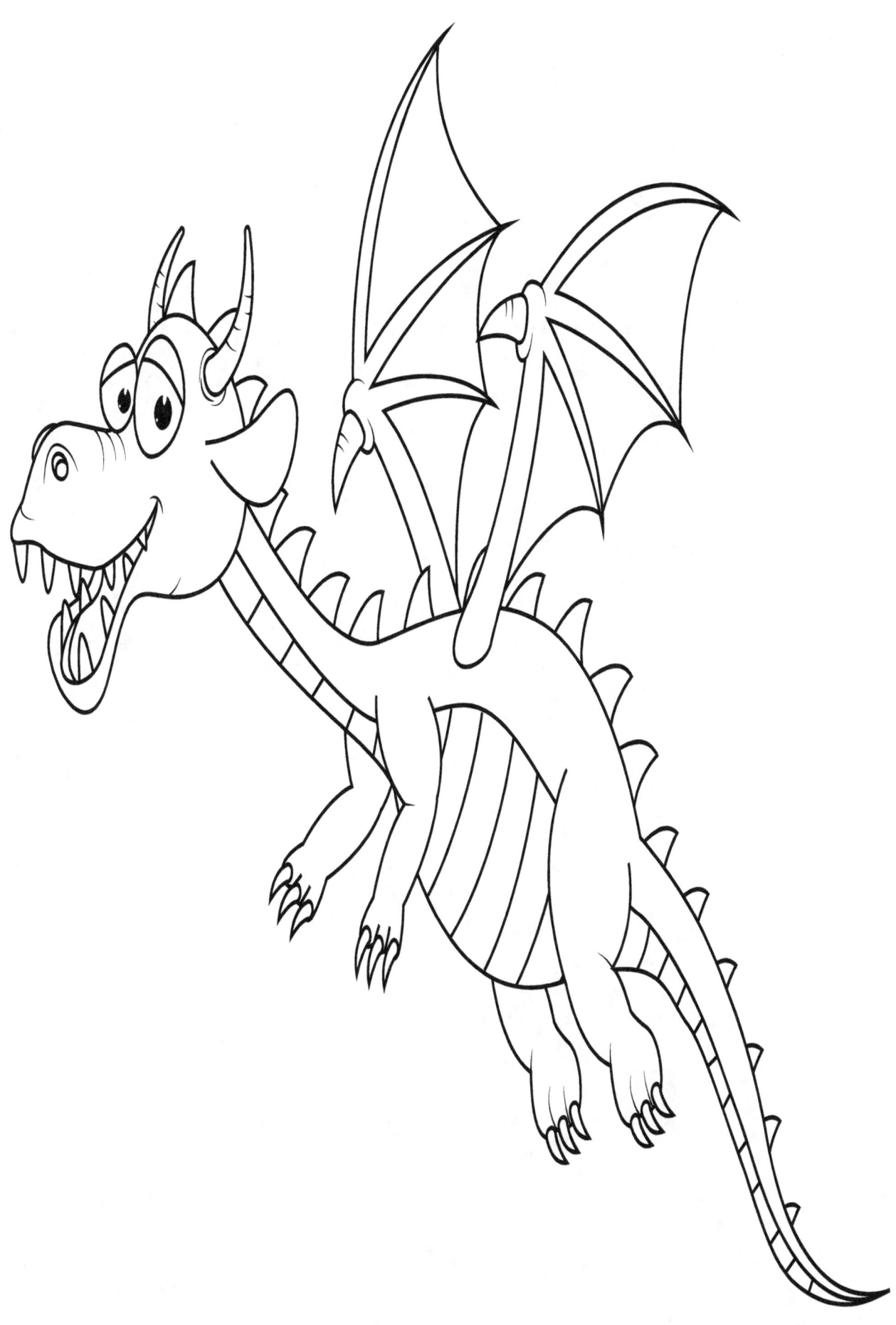

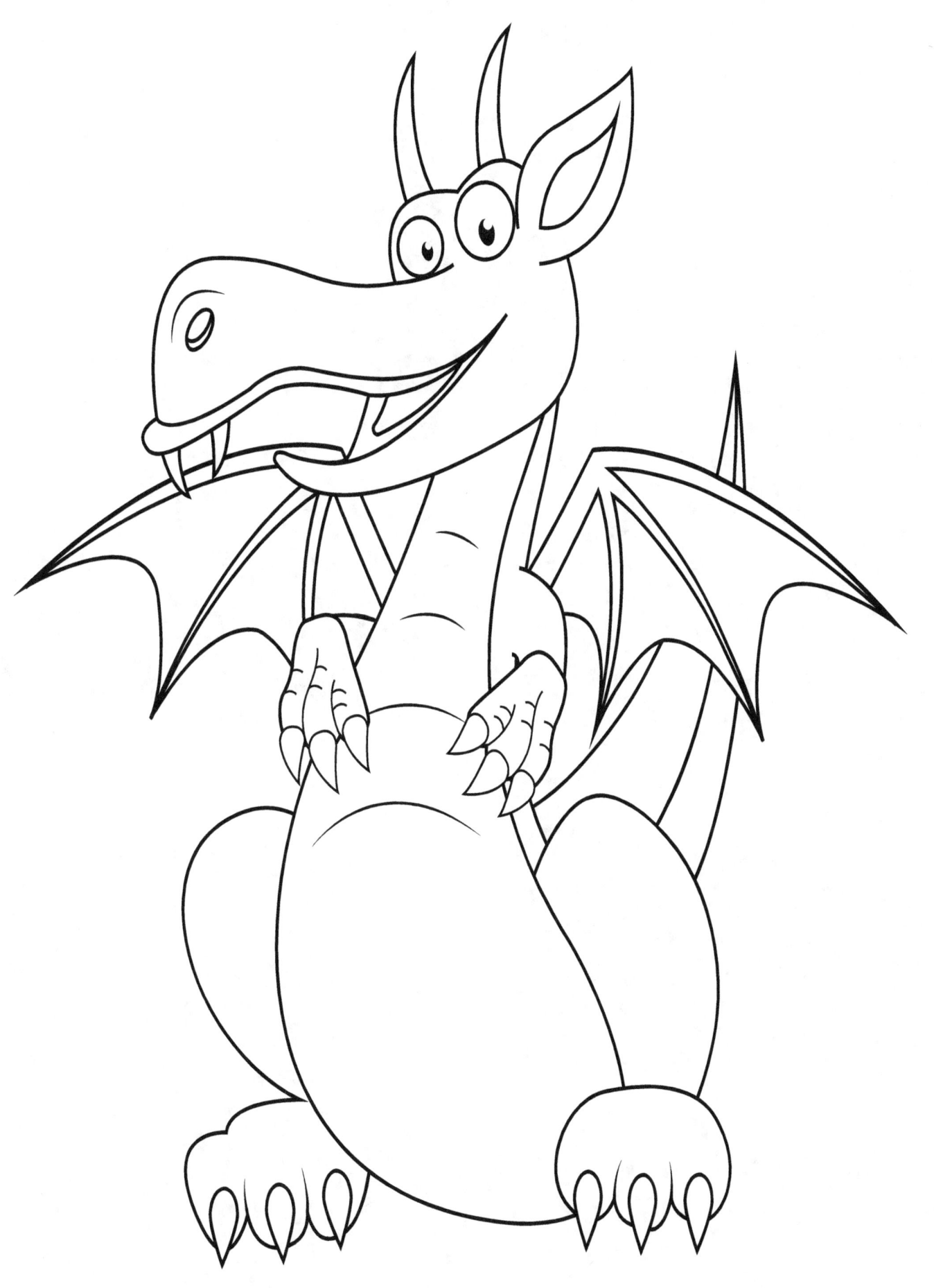

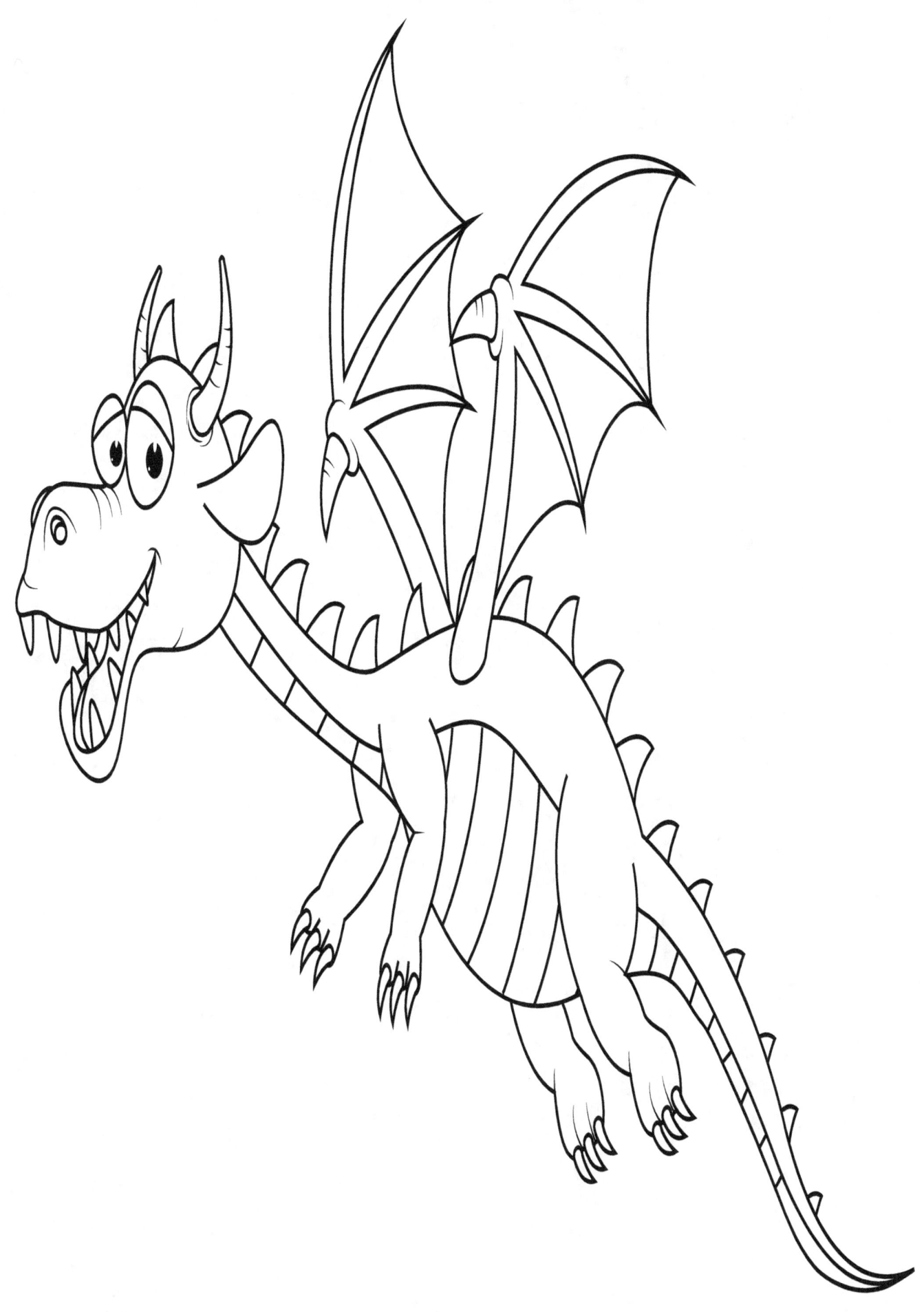

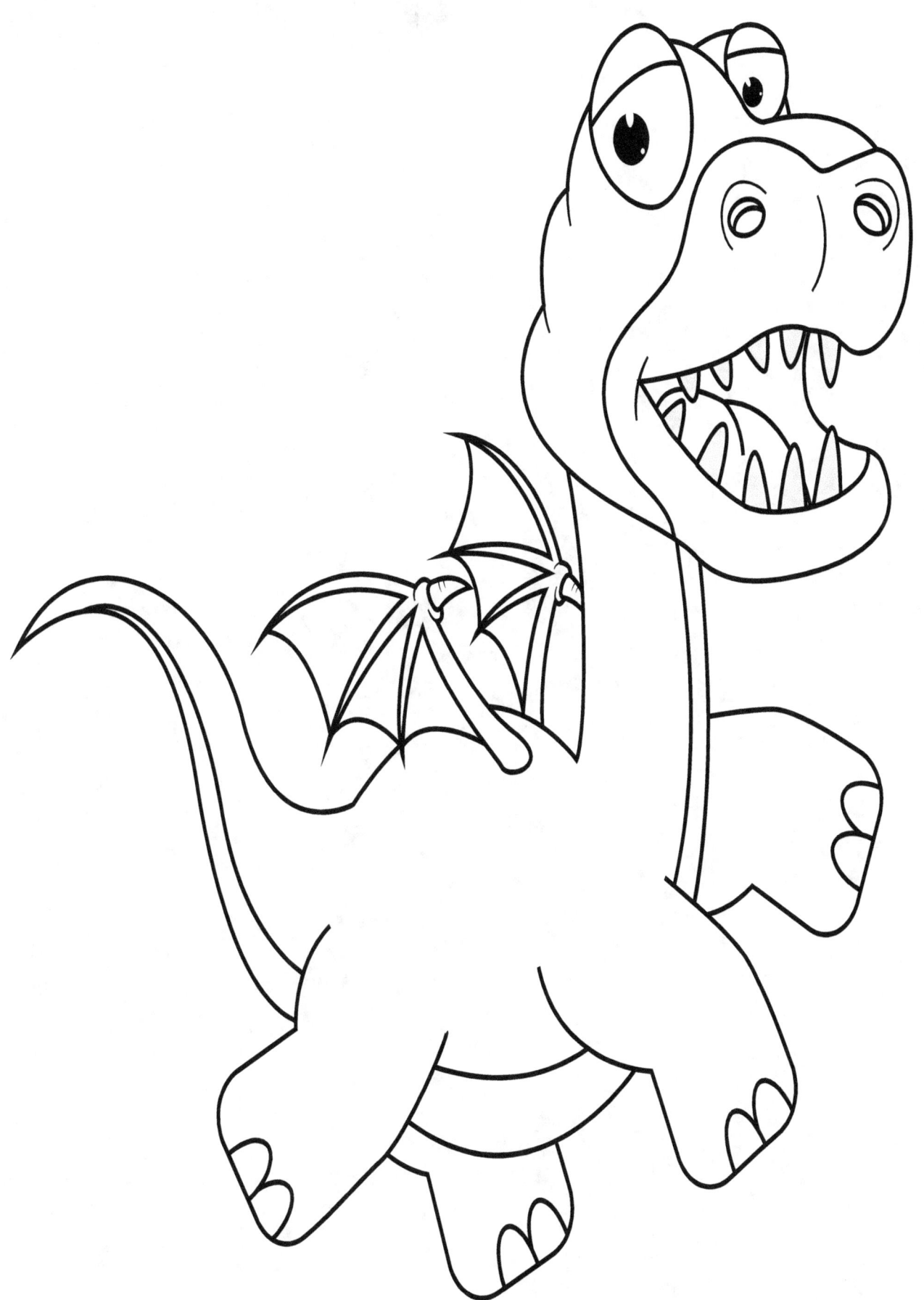

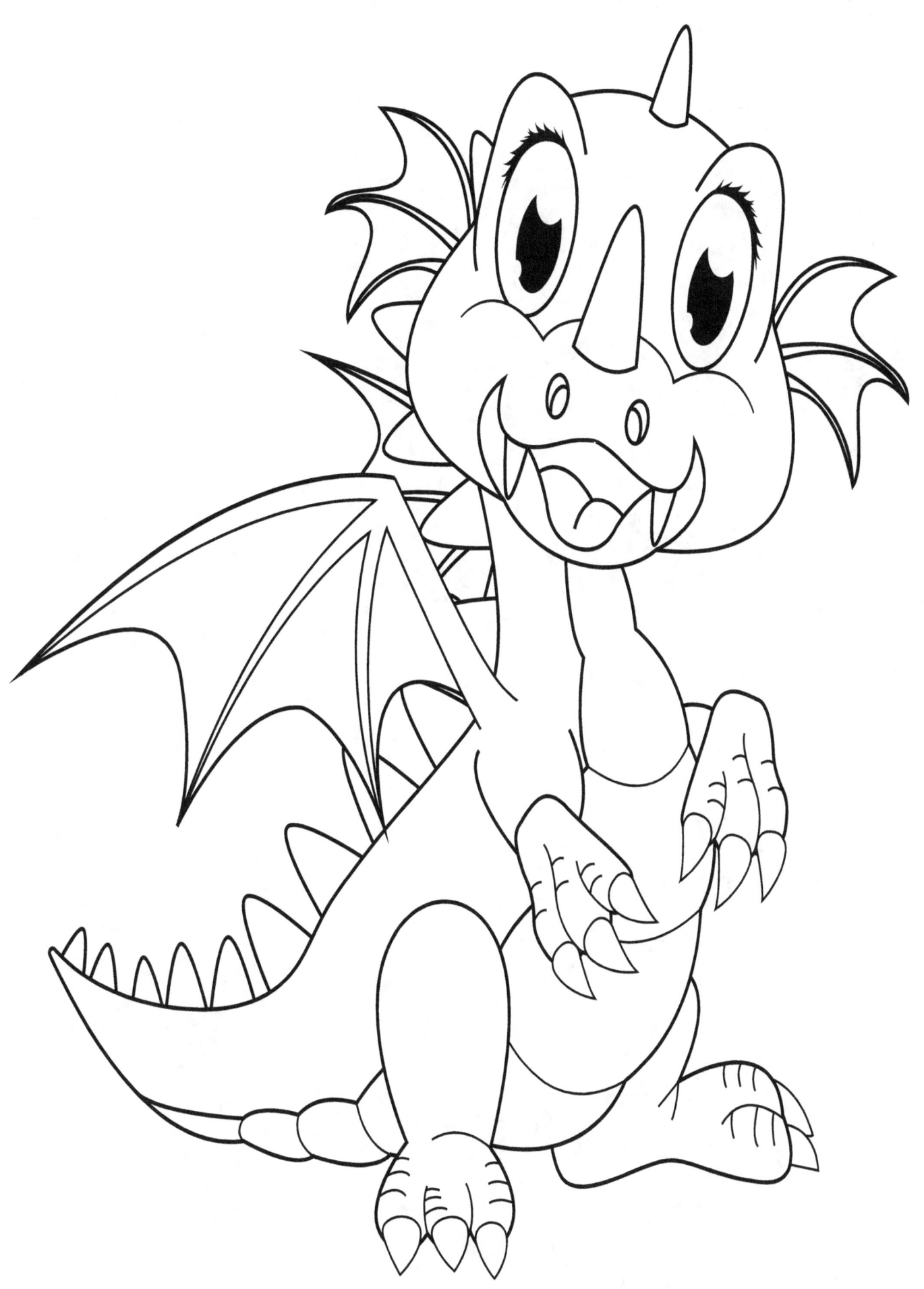

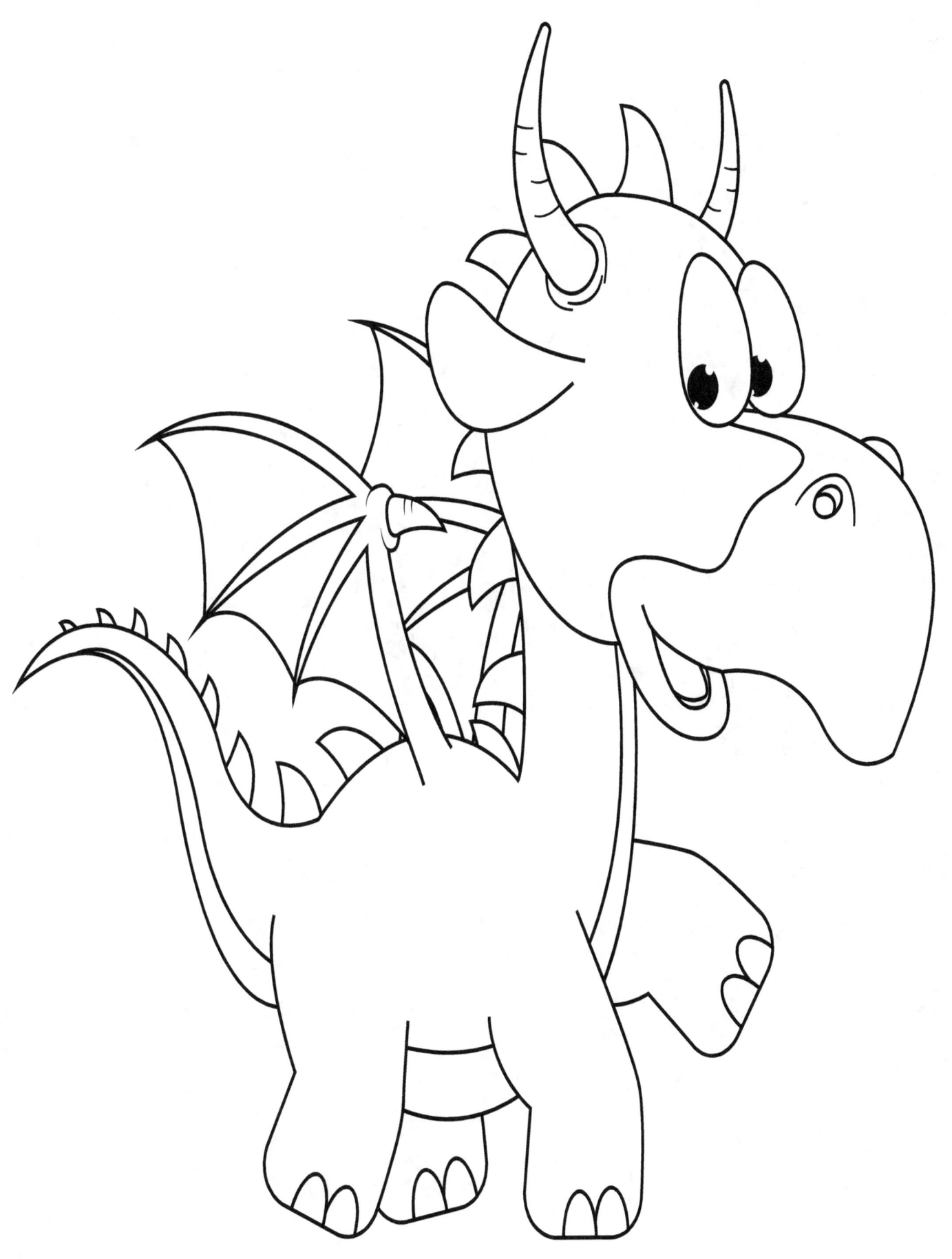

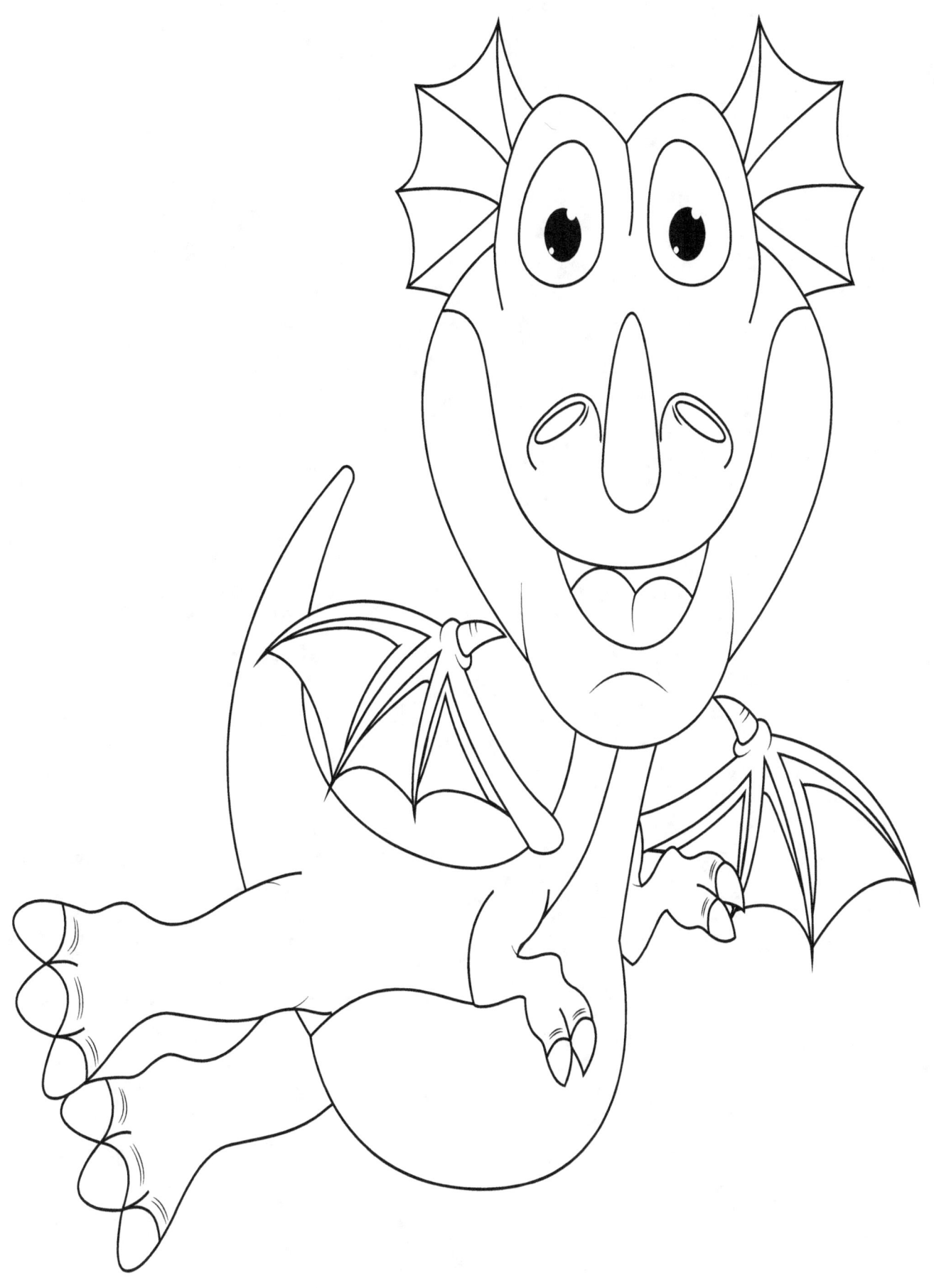

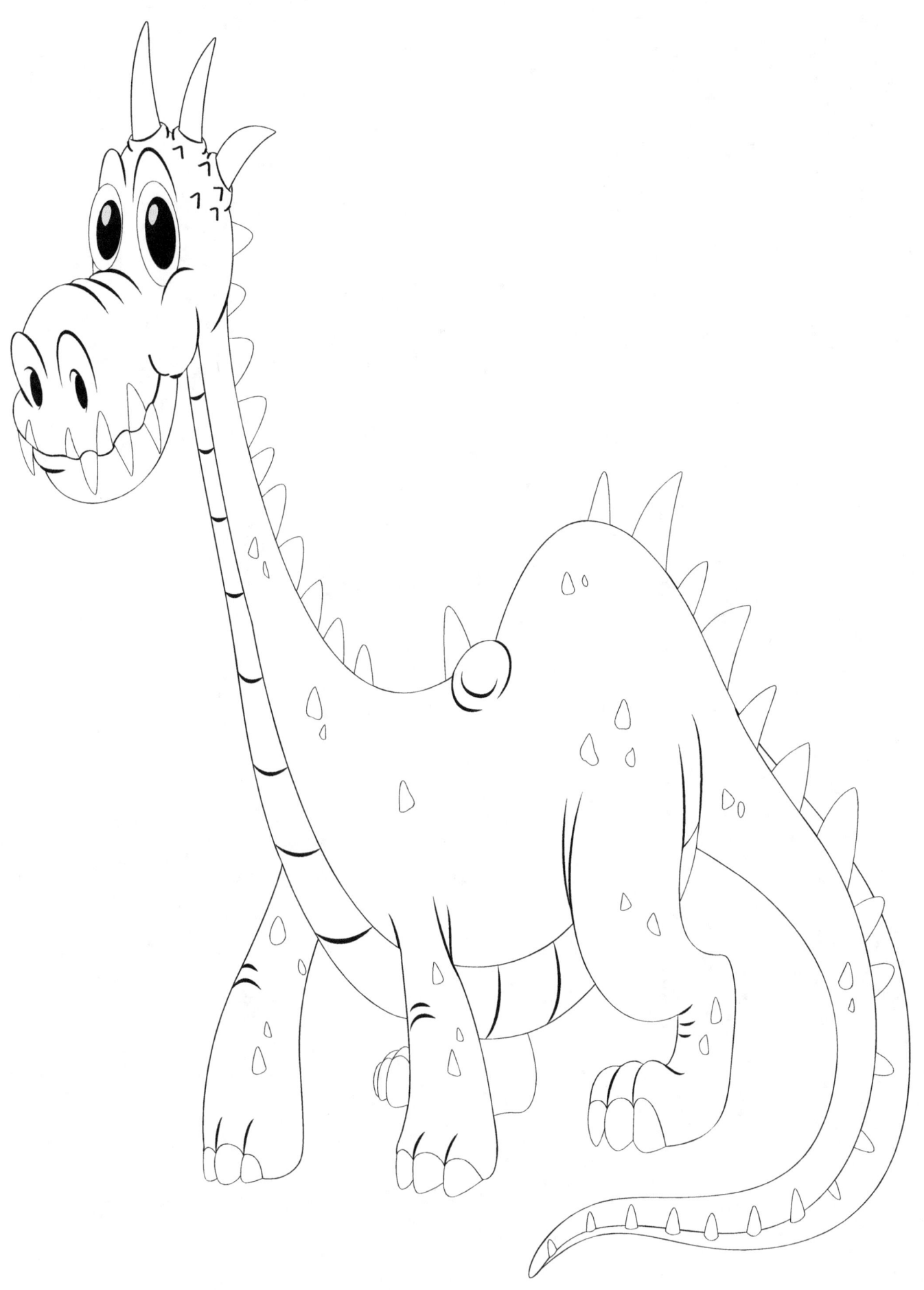

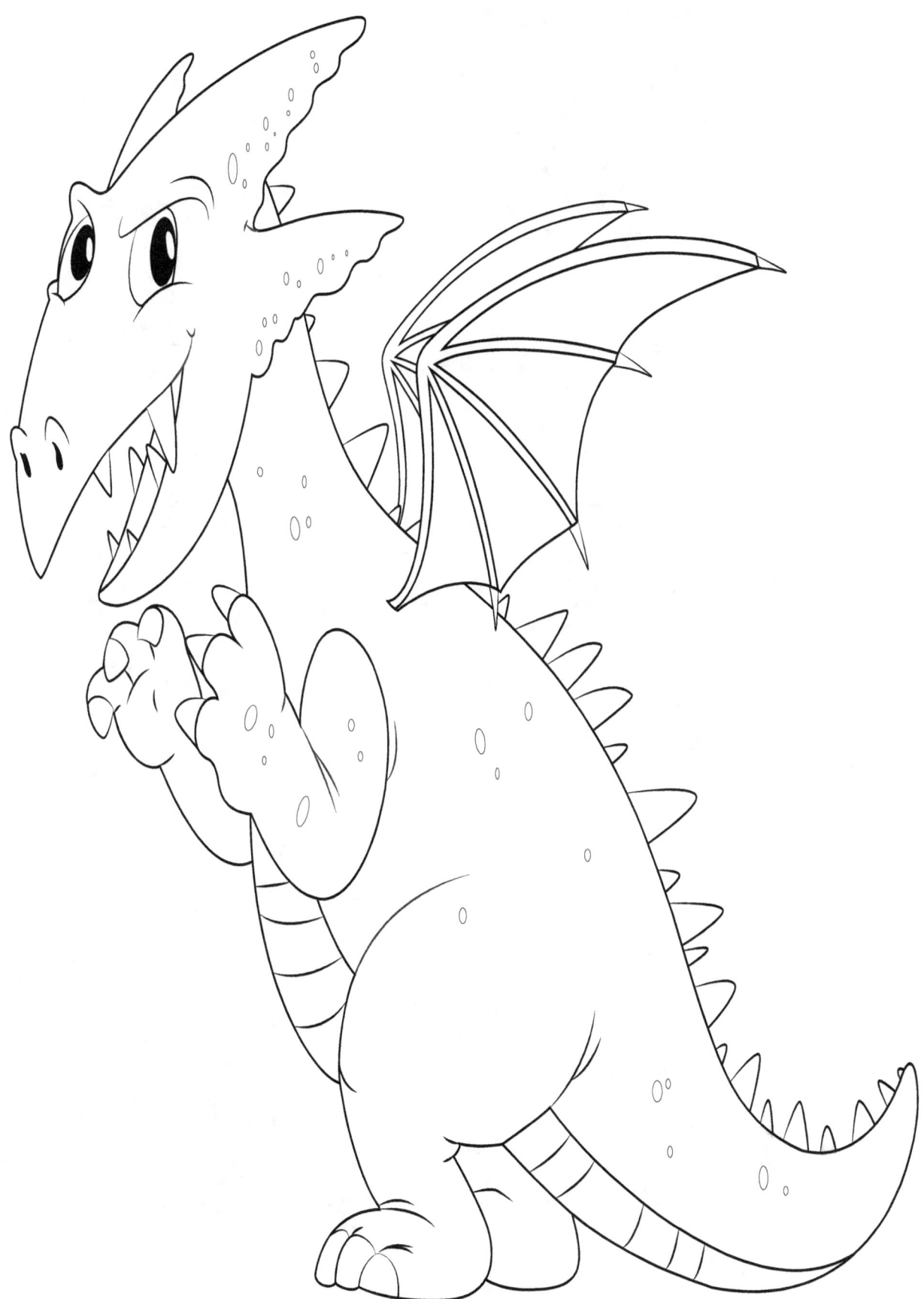

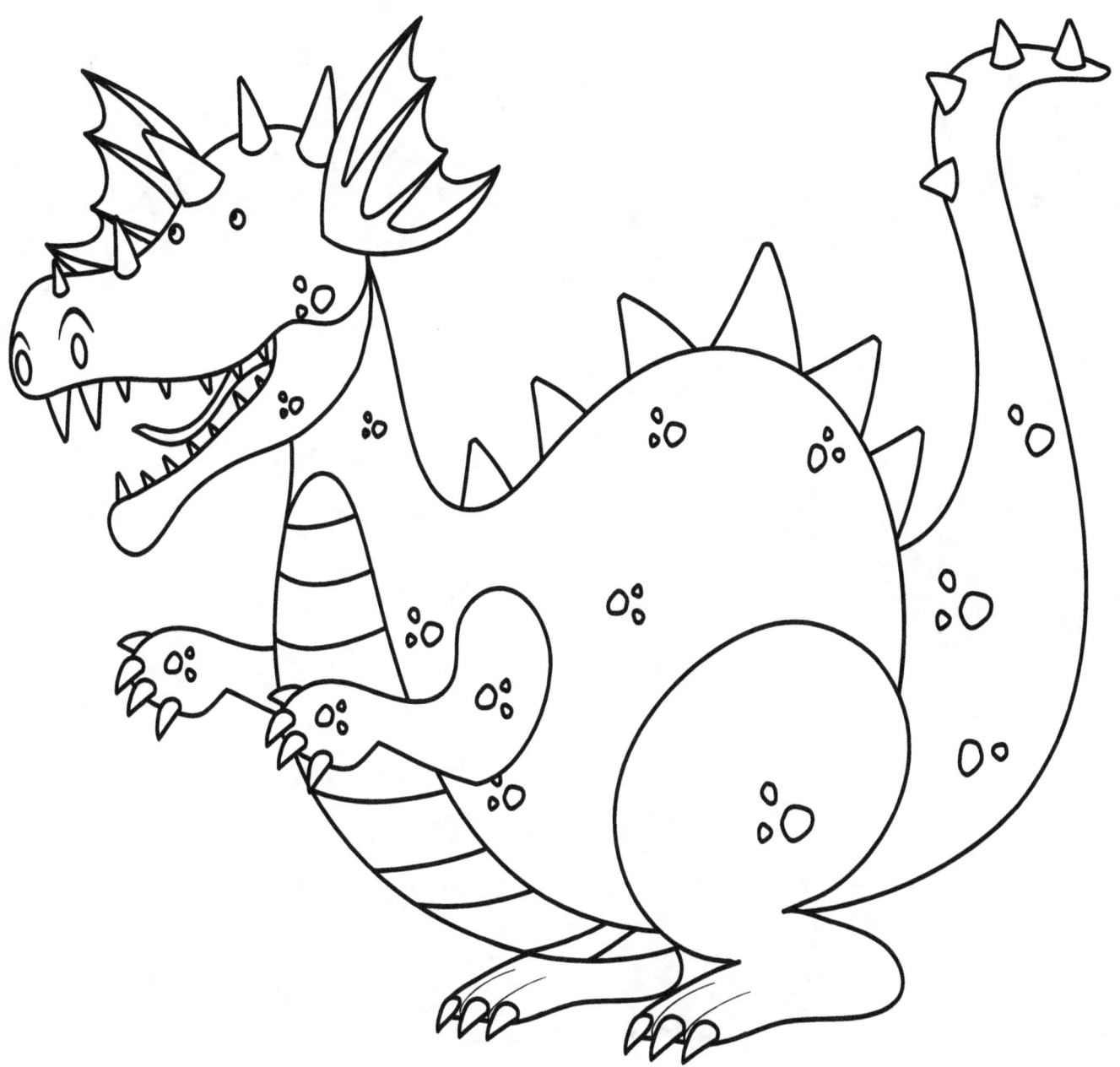

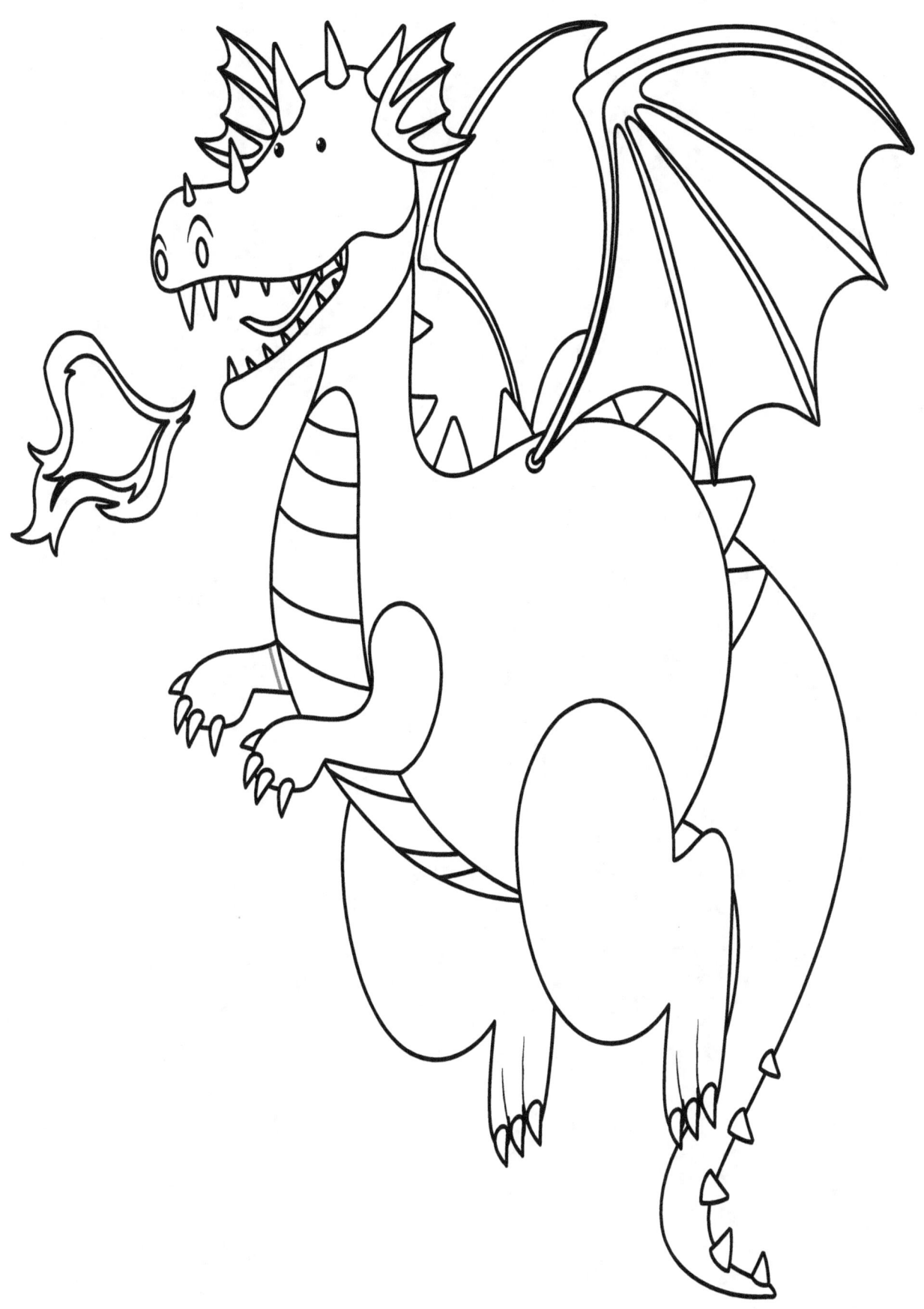

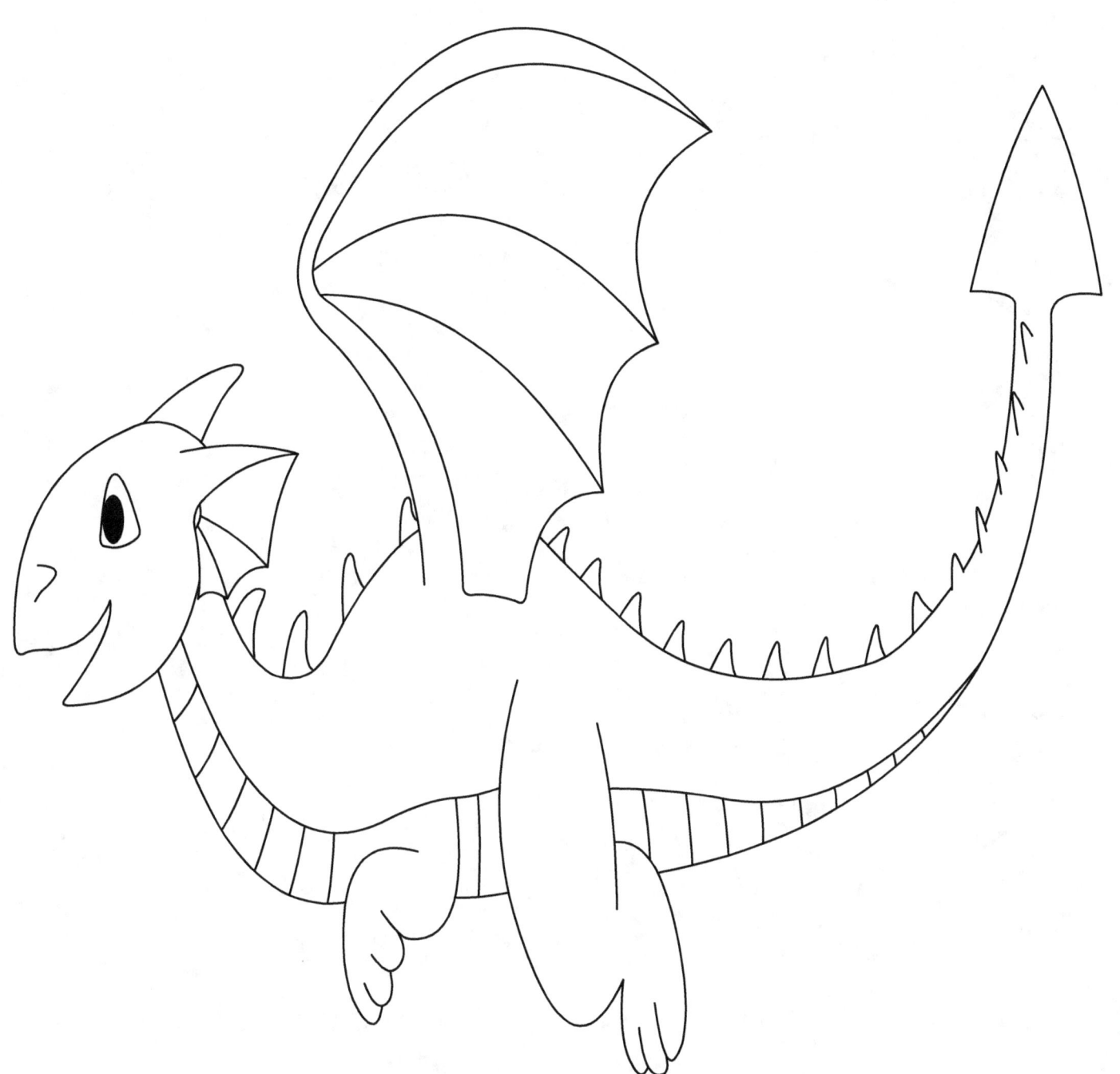

www.ingramcontent.com/pod-product-compliance
Lightning Source LLC
Chambersburg PA
CBHW080514220526
45465CB00006B/2476